AF107854

भारत के नेट ज़ीरो कार्बन गाँव की परिकल्पना

# OrangeBooks Publication

Smriti Nagar, Bhilai, Chhattisgarh - 490020

Website: **www.orangebooks.in**

---

**© Copyright, 2023, Author**

All rights reserved. No part of this book may be reproduced, stored in a retrieval system, or transmitted, in any form by any means, electronic, mechanical, magnetic, optical, chemical, manual, photocopying, recording or otherwise, without the prior written consent of its writer.

**First Edition, 2023**

# भारत के नेट ज़ीरो कार्बन गाँव की परिकल्पना

## आलोक पांडे

**OrangeBooks Publication**
www.orangebooks.in

## प्रस्तावना

इस पुस्तक का लेखन परम पूज्यनीय आचार्य श्री बालकृष्ण जी की प्रेरणा और उनसे प्राप्त मार्गदर्शन से संभव हुआ है। इस पुस्तक की रचना करने के लिए मैं अपनी माँ श्रीमति उर्मिला देवी पाण्डेय और पिता श्री रामेश्वर प्रसाद पाण्डेय से प्राप्त आशीर्वाद हेतु उनका जीवन भर ऋणी रहूँगा। इस पुस्तक के रचना काल में मेरी पत्नी सुश्री पुर्णिमा और सुपत्री आरना के मिले स्नेह ने मेरे उत्साह को बनाए रखा। मेरी इस पुस्तक की रचना में मेरे भाई श्री संतोष कुमार, बहन श्रीमति अलका, मेरे मित्र श्री कृष्णा कदरिया के सहयोग को मैं विस्मृत नहीं कर सकता।

मेरी यह पुस्तक आज़ादी के अमृतकाल में भारत देश के भविष्य का निर्माण करने में संलग्न आदरणीय हमारे यशस्वी प्रधानमंत्री श्री नरेंद्र मोदी जी और हमारे प्रदेश के यशस्वी मुख्यमंत्री योगी आदित्यनाथ जी महाराज को समर्पित है।

**आलोक पाण्डे**

**कार्बन फ़ाइनेंस विशेषज्ञ**

# अनुक्रमणिका

## ग्रामीण अंचल के सतत भविष्य के लिए कार्बनरहित गाँव का प्रारूप

पृथ्वी ग्रह की सीमाएं और सतत विकास लक्ष्य.......................... 1

रैखिक से सर्क्युलर तक उपापचय............................................ 6

## शून्य कार्बन ग्रामीण गाँव के डिज़ाइन से संबन्धित दस प्रमुख सिधान्त

सतत गाँव की डिज़ाइन अवधारणा स्तम्भ :........................... 13

सिद्धांत 1 - जलवायु डेटा और ग्रीनहाउस गैसों की सूची बनाना... 15

जलवायु लक्षण का वर्णन................................................... 15

ग्रीनहाउस गैस सूची ........................................................ 17

शून्य कार्बन स्थिति हेतु डिज़ाइन सुझाव ................................ 21

सिद्धांत 2: अच्छी तरह से जुड़े मिश्रित उपयोग नोड्स ............... 22

घनत्व ........................................................................... 23

नेट ज़ीरो गाँव हेतु डिजाइन सुझाव ...................................... 24

मिश्रित भूमि उपयोग ........................................................ 24

चलने की योग्यतापांच मिनट की पैदल दूरी :........................... 24

नेट ज़ीरो गाँव हेतु डिजाइन सुझाव ...................................... 26

कार की पहुंच.................................................................. 27

- नेट ज़ीरो गाँव हेतु डिजाइन सुझाव ................................... 28
- सड़कों (स्ट्रीट) के आदर्श प्रकार ................................... 28
- नेट ज़ीरो गाँव हेतु डिजाइन सुझाव ................................... 29
- कार्बन सिंक ................................................................ 29
- ग्रामीण स्तर पर हरित क्षेत्र ............................................ 30
- सार्वजनिक स्थान: गाँव के पार्क, खेल के मैदान और विश्राम क्षेत्र . 30
- पेड़ और ग्रीन रूफ ...................................................... 31
- कृषि ......................................................................... 32
- घरेलू स्तर परकिचन गार्डेन : ....................................... 33
- नेट ज़ीरो गाँव हेतु डिजाइन सुझाव ................................... 33
- सिद्धांत 3 - ताप और शीतलता ..................................... 34
- वातानुकूलित इमारत डिजाइन ...................................... 35
- नेट ज़ीरो गाँव हेतु डिजाइन सुझाव ................................... 37
- सड़क की चौड़ाई और अभिविन्यास ................................ 38
- नेट ज़ीरो गाँव हेतु डिजाइन सुझाव ................................... 38
- वायु संचलन .............................................................. 39
- फुटपाथ .................................................................... 39
- नेट ज़ीरो गाँव हेतु डिजाइन सुझाव ................................... 40
- सिद्धांत 4: जीएचजी उत्सर्जन ....................................... 41
- नेट ज़ीरो गाँव हेतु डिजाइन सुझाव ................................... 43

सिद्धांत 5: नवीकरणीय ऊर्जा स्रोत ............................ 45

कुशल ऊर्जा रूपांतरण प्रौद्योगिकियां ........................ 45

नेट ज़ीरो गाँव हेतु डिजाइन सुझाव ............................ 47

स्मार्ट ग्रिड ............................................................ 49

नेट ज़ीरो गाँव हेतु डिजाइन सुझाव ............................ 50

सिद्धांत 6: जल चक्र ................................................ 51

रेनवॉटर हार्वेस्टिंग ................................................ 52

विकेंद्रीकृत अपशिष्ट जल प्रबंधन .............................. 54

नेट ज़ीरो गाँव हेतु डिजाइन सुझाव ............................ 57

सिद्धांत 7: ठोस अपशिष्ट ........................................ 59

अकार्बनिक अपशिष्ट प्रबंधन .................................... 59

जैविक कचरा प्रबंधन .............................................. 60

ग्रामीण स्तर पर घरेलू और सेवा अपशिष्ट प्रबंधन ........ 61

अन्य जैविक अपशिष्ट प्रबंधन .................................. 64

नेट ज़ीरो गाँव हेतु डिजाइन सुझाव ............................ 65

सिद्धांत 8: ऊर्जा, पानी, भोजन और अपशिष्ट चक्र ........ 65

पोषक चक्र ............................................................ 66

द वॉटर-एनर्जी-फूड नेक्सस: लीनियर बनाम
सर्कुलर मेटाबॉलिज्म ............................................ 66

नेट ज़ीरो गाँव हेतु डिजाइन सुझाव ............................ 70

सिद्धांत 9: रोजगार के अवसर और अवकाश.......................... 71

सामाजिक-आर्थिक नीतियों के लिए सुझाव........................... 73

मिश्रित आय वाली आबादी की ओर एक कदम ...................... 75

नेट ज़ीरो गाँव हेतु डिजाइन सुझाव ........................................ 78

सिद्धांत 10: पारिस्थितिक जागरूकता ................................. 79

शून्य कार्बन गांव: विविधता के माध्यम बदलाव की परिकल्पना .. 80

व्यवहार परिवर्तन की दिशा में एक जीवित शिक्षा सुविधा .......... 81

नेट ज़ीरो गाँव हेतु डिजाइन सुझाव ........................................ 82

# ग्रामीण अंचल के सतत भविष्य के लिए कार्बनरहित गाँव का प्रारूप

कार्बनरहित गाँव सतत भविष्य के लिए आज की आवश्यकता है। इसके लिए हमें सारी आवश्यकताओं को पूरा करना होगा। विकास की वजह से, वर्तमान में हो रहे जलवायु और वातावरण में बदलाव को देखते हुए हमें ये जाँचना होगा कि क्रमतर आगे बढ़ने और विकसित बनने की होड़ में कौन से संसाधानों मे कितना क्षरण हुआ और उनको आगे कैसे बचाया जा सकता है।

इस अध्याय के आगे के हिस्से में हम भविष्य में सतत और सुरक्षित विकास के लिए आवश्यक अवधारणाओं पर बात करेंगे जिन पर एक गाँव को कार्बनरहित और आदर्श बनाया जा सकता है।

## पृथ्वी ग्रह की सीमाएं और सतत विकास लक्ष्य

2009 में पृथ्वी प्रणाली और पर्यावरणविद् वैज्ञानिकों के एक समूह ने बताया कि ग्रहों की सीमाओं की अवधारणा में पृथ्वी के प्रणाली की प्रक्रियाएं भी शामिल हैं। जिनके अंतर्गत पर्यावरण की सीमाएं भी आती हैं। वैज्ञानिकों ने पृथ्वी ग्रह की संख्यात्मक कारक सीमाओं का उल्लेख किया, जिनके भीतर आने वाली पीढ़ियों के लिए मानव सभ्यता का विकास और आधुनिकता का निर्माण होता है। लेकिन इन कारक सीमा

रेखाओं को लांघने या इनके बाहर जाने पर अचानक या अपरिवर्तनीय पर्यावर्णीय परिवर्तन के उत्पन्न होने का खतरा बढ़ जाता है।

वैज्ञानिकों के उस समूह ने अध्ययन के द्वारा "मानवता के लिए सुरक्षित संचालन हेतु स्थान" को अपने विचारों के द्वारा परिभाषित करने का प्रयास किया है। उनके द्वारा प्रस्तावित रूप रेखा वैज्ञानिक प्रमाणों पर यह सिद्ध करती है कि औद्योगिक क्रांति के बाद से मानव क्रियाएँ वैश्विक पर्यावरण परिवर्तन का मुख्य कारण बनीं।

वैज्ञानिकों के समूह द्वारा चिन्हित पृथ्वी ग्रह के निम्नलिखित 9 कारक हैं, जो परस्पर एक दूसरे से सघन तौर पर जुड़े हुए हैं और यही पर्यावरण के बदलाव का कारक हैं –

1) समतापमंडलीय ओज़ोन परत और उसका क्षरण,
2) जीवमंडल के अखंडता की हानि, जिसमे जैव विविधिता का विलुप्तिकरण और हानि सम्मिलित है,
3) रासायनिक प्रदूषण,
4) जलवायु परिवर्तन,
5) महासागरों का अम्लीकरण,
6) मीठे पानी की खपत और वैश्विक हाइड्रोलॉजिकल चक्र,
7) भूमि प्रणाली परिवर्तन,
8) नाइट्रोजन और फास्फोरस का जैवमण्डल और महासागरों मे प्रवाहित होना,
9) वायुमंडल मे खतरनाक गैसों का अत्यधिक निस्तारण होना।

वर्तमान में औद्योगिक क्रांति के बाद से जीवाश्म ईंधनों के जलने के कारण एक नए कृत्रिम CO2 के प्रवाह से, कृत्रिम नाइट्रोजन उर्वरकों के प्रसार के कारण, फास्फोरस के नए उत्सर्जन और उनका बढ़ता प्रसार, भूमिगत जल की निकासी और पृथ्वी की सतह पर निस्तारण से स्थिति और भी भयावह होती जा रही है।

नाइट्रोजन और फास्फोरस के प्राकृतिक संचरण में आने वाले व्यवधान की वजह से पारिस्थितिक तंत्र में बहुत बड़ा बदलाव आया है। जिसकी वजह से जल निकायों की गुणवत्ता में आती जा रही कमी ने जैव विविधिता को जन्म दिया। परिणाम स्वरूप तापमान मे वृद्धि और भूमि की उपजाऊ गुण में कमी आयी है।

यदि समय रहते हुए हम ठोस कदम उठाते हुए सार्थक कार्यवाही नहीं करते तो हमें अत्यधिक बाढ़, सूखा, गर्मी की लहरें, कृषि में कमी और भयंकर बीमारियों का सामना करना पड़ेगा।

जीवमंडल में बदलाव और जैव-भू-रासायनिक प्रवाह के बढ़ने का कारण कहीं न कहीं खेती करने के तरीके में हो रहे बदलाव भी हैं। कृषि भूमि का अन्य उपयोगों मे लिया जाना, जंगलों को काटकर कृषि भूमि के लिए उपयोग में लिया जाना और कृषि में बढ़ते हुए कृत्रिम उर्वरकों के प्रयोगों को समय रहते हुए सुधार करने की आवश्यकता है।

इन्ही वजहों से शून्य कार्बन या कार्बन रहित गाँवों के निर्माण की व्यवस्था हमारे मानवता के लिए परम आवश्यक है।

एक आदर्श शून्य कार्बन गाँव के डिजाइन और कार्यान्वयन में हमें उपरोक्त वर्णित कारकों को ध्यान में रखना अति जरूरी है, क्योंकि एक कार्बन रहित गाँव जलवायु परिवर्तन में आ रहे बदलाव को रोकने में अपना अमूर्त्य योगदान दे सकता है। हमें भू-उपयोग पर नियंत्रण लगाने की आवश्यकता है ताकि वनस्पतियों का संरक्षण हो सके और जैव-विविधिता को बचाया जा सके। ये कार्बन के अवशोषण में एक सार्थक कदम साबित होगा। साथ ही साथ हमें औद्योगिक संचालन से निकलने वाले नाइट्रोजन और फास्फोरस का उपयोग कम कर अपने खाद्य पदार्थों में प्राकृतिक उर्वरकों के उपयोग को बढ़ावा देना चाहिए, ताकि भोजन में निहित पोषक तत्व उस मिट्टी में वापस आ सकें जिसमें से भोजन को उपजाया गया था।

औद्योगिक कृषि से कृषि-परिस्थितिकी में बदलाव एक शून्य कार्बन या कार्बन रहित गाँव के जीवन की विशेषता होनी चाहिए। हमें गाँव स्तर पर कीटनाशकों, शाकनाशियों आदि जैसे रसायनों का प्रयोग कम करना चाहिए जिनका जैव-विविधता पर नकारात्मक प्रभाव पड़ता है।

इसके अतिरिक्त हमें मानव मूल्यों को ध्यान मे रखकर उन व्यक्तियों या समाज को बदलाव की मुख्यधारा में वापस लाना होगा जोकि किन्हीं कारणों से अस्वीकार्य स्थितियों में जी रहें हैं या अपनी बुनियादी जरूरतों को पूरा करने में असमर्थ हैं। संयुक्त राष्ट्र द्वारा शुरू किए गए 17 सतत विकास लक्ष्य (SDGGoals) भी इसी आदर्श स्थिति की बात करते हैं।

इस प्रकार से हम कह सकते हैं कि हमारा लक्ष्य सतत विकास लक्ष्यों को प्राप्त करना होना चाहिए और साथ ही साथ हमें मानवता के लिए चिन्हित 9 कारकों के रोकथाम के लिए अपने प्रयासों को जारी रखना चाहिए।

इन सामाजिक बुनियादों के पुनर्स्थापन की शुरुआत गाँवों को शून्य कार्बन या कार्बन रहित बनाने से होनी चाहिए, जोकि पारिस्थितिक रूप से सुदृढ़ और नवाचार आधारित विकास पर केन्द्रित हों।

# रैखिक से सर्क्युलर तक उपापचय

"शहरी चयापचय की धारणा जीवों के चयापचय के साथ समानता पर आधारित है, हालांकि अन्य मामलों में शहरों और पारिस्थितिक तंत्रों के बीच समानताएं भी बनाई जा सकती हैं। शहर जीवों के समान हैं जिसमें वे अपने परिवेश से संसाधनों का उपभोग करते हैं और कचरे का उत्सर्जन करते हैं। इस प्रकार, यह धारणा कि शहर पारिस्थितिक तंत्र की तरह हैं, भी उपयुक्त है। दरअसल, एक प्राकृतिक पारिस्थितिकी तंत्र का मॉडल कुछ मायनों में स्थायी शहरों के विकास का उद्देश्य है। प्राकृतिक पारिस्थितिक तंत्र आम तौर पर ऊर्जा में आत्मनिर्भर होते हैं और अक्सर बड़े पैमाने पर पुनर्चक्रण के माध्यम से द्रव्यमान का संरक्षण करते हैं। अगर शहरों में ऐसे लक्षण होते हैं, तो वे कहीं अधिक टिकाऊ होंगे।

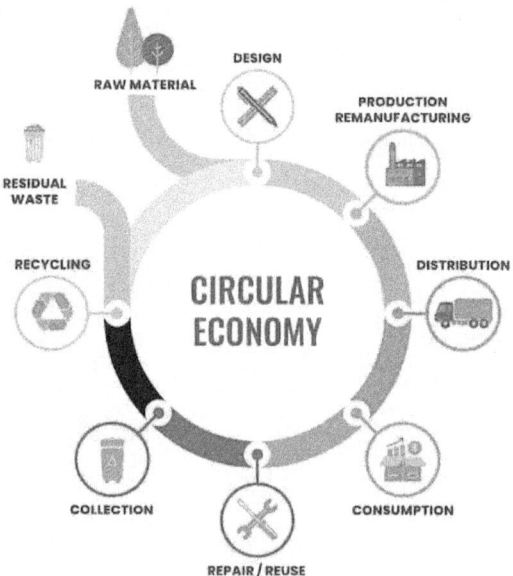

सिर्फ शहर ही नहीं, बल्कि कोई भी मानव बस्ती, चाहे वह कितनी भी छोटी क्यों न हो, उसे रहने, बढ़ने और समृद्ध होने के लिए ऊर्जा, सामान, भोजन और पानी से पोषित होने की ज़रूरत है। इन प्रवाहों को संसाधित और खपत किया जाता है, यानी इसमें चयापचय किया जाता है, और चयापचय के उत्पाद जीएचजी उत्सर्जन, गर्मी, अकार्बनिक और जैविक अपशिष्ट और अपशिष्ट जल हैं।

आज की बस्तियों का चयापचय आम तौर पर रैखिक होता है, यानी अपनी सीमाओं को पार करने वाले इनपुट को बस्ती के अंदर वितरित किया जाता है और सभी कार्यों को चालू रखने के लिए उपयोग किया जाता है; फिर उनके उपयोग के बाद, उन्हें सीमाओं के बाहर अपशिष्ट (अकार्बनिक, जैविक और उत्सर्जन) के रूप में निपटाया जाता है; इस मॉडल में, बस्तियों के विकास और वृद्धि के साथ-साथ आदानों की वृद्धि होती है और इसके परिणामस्वरूप, कचरे की वृद्धि होती है। आगम और गमन का यह रैखिक उत्पादन पथ टिकाऊ नहीं है क्योंकि बस्तियों का विकास निरंतर जारी है।

हमारे जीवनशैली की रैखिक "टेक-मेक-डिस्पोज़" पद्धति के कारण सीमित प्राकृतिक संसाधन का उपयोग कहीं ना कहीं कचड़ों और अपशिष्ट के भंडारों को बढ़ाने का कारक बन रहा है, जोकि हमारा पर्यावरण बिना नुकसान के वहन नहीं कर सकता है।

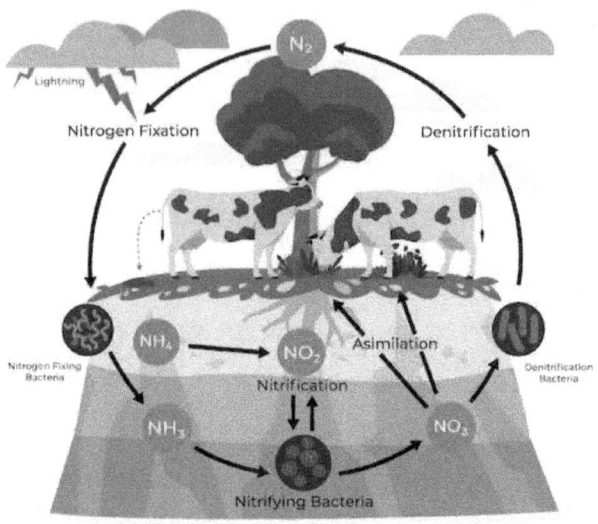

संसाधनों की खपत और अपशिष्ट उत्पादन को एक साथ कम करने तथा बस्तियों के विकास के लिए चयापचय के एक नए मॉडल की आवश्यकता है।

स्थानीय छोटे पैमाने पर, ऊर्जा और भोजन के विश्वसनीय उत्पादन पर निर्भरता को अधिकतम करके और पानी और वस्तुओं के पुन: उपयोग/पुनर्चक्रण को अधिकतम करके एक स्थायी निपटान के आगम-प्रवाह पर निर्भरता को कम करना चाहिए। इसके लिए हमें विचार करना चाहिए कि हम विकेंद्रीकृत ऊर्जा उत्पादन को मुख्य रूप से नवीकरणीय ऊर्जा स्रोतों से ऊर्जा कुशल भवनों और उपकरणों के साथ मिलकर उपयोग करें; माल और लोगों के लिए परिवहन प्रणाली की दक्षता में सुधार करें; निजी कार को प्रतिस्थापित कर सार्वजनिक परिवहन का प्रयोग करें, कार शेयरिंग, साइकिल और बिजली से चलने पर आधारित गतिशीलता वाली व्यवस्था को अपनाएं; स्थानीय भोजन की खपत और

मिट्टी में जैविक कचरे की उचित वापसी का प्रयास करें; अपशिष्ट जल से ऊर्जा उत्पादन के साथ अनुकूलित जल चक्र का उपाय करें; चक्रीय अर्थव्यवस्था की अवधारणा के अनुसार उनके रखरखाव, मरम्मत और पुन: उपयोग के माध्यम से माल और संबंधित कचरे के प्रवाह में कमी का प्रयास करें, ताकि परिणामस्वरूप कचरे की समस्या में कमी आ सके।

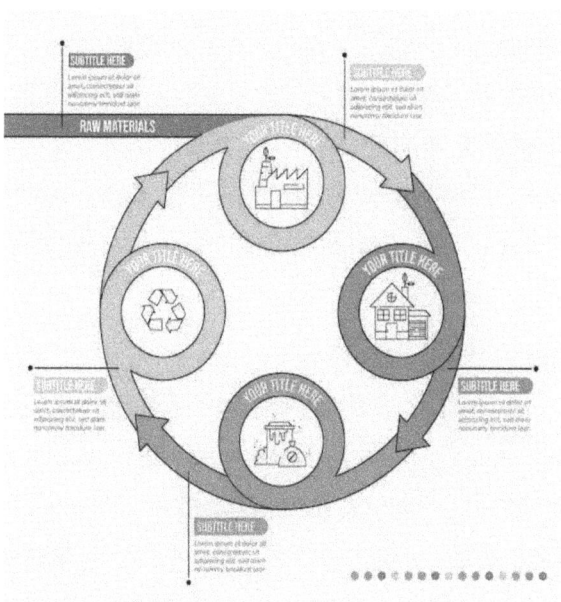

चक्रीय अर्थव्यवस्था की अवधारणा को अपनाना अत्यंत महत्वपूर्ण है। एक चक्रीय अर्थव्यवस्था के तहत एक शून्य कार्बन गांव के डिजाइन में हमें अर्थव्यवस्था में उत्पादों, सामग्रियों और संसाधनों के मूल्य को यथासंभव लंबे समय तक एक जैसा बनाए रखना चाहिए और कचरे का उत्पादन कम से कम करना चाहिए। हमारे ऐसे सिद्धांत होने चाहिए, जोकि सतत विकास के लिए परम आवश्यक हैं।

# शून्य कार्बन ग्रामीण गाँव के डिज़ाइन से संबन्धित दस प्रमुख सिधान्त

औद्योगीकरण के माध्यम से शहरों का आर्थिक विकास ग्रामीण इलाकों के परित्याग का कारण बनता जा रहा है और कृषि के मशीनीकरण के संयुक्त प्रभावों के कारण ग्रामीण गांवों और छोटे शहरों से बड़े शहरों में जाने वाले श्रमिकों का प्रवाह बढ़ता जा रहा है, जो जनशक्ति की आवश्यकता को कम करता है और साथ ही, रोजगार के अवसरों को घटाता है।

परंतु वर्तमान में सभी औद्योगिक देश उपरोक्त स्थिति को उलटने की कोशिश कर रहे हैं, और यहाँ तक कि औद्योगिक देश भी इस प्रक्रिया को कम करने की कोशिश कर रहे हैं। संयुक्त राज्य अमेरिका से लेकर जापान तक, यूरोप से लेकर चीन तक, ग्रामीण गाँवों को पुनर्जीवित करने का मुद्दा पूरी दुनिया में एक राजनैतिक प्राथमिकता बन गया है। जबकि हमारे भारत देश में यह स्थिति अभी इतनी भयावह नहीं हुई है।

फिर भी, हमें ग्रामीण क्षेत्रों को आकर्षक बनाने के लिए अपनी वर्तमान विशेषताओं को बदलना होगा। जिसके लिए हमें औद्योगीकृत कृषि से सतत कृषि को वर्तमान उत्पादकता के स्तर पर वापस लाने हेतु परंपरागत पद्धति में नवीनीकरण करने की आवश्यकता है।

समान उत्पादकता को बनाए रखते हुए औद्योगीकरण से स्थायी कृषि में बदलाव का तात्पर्य परंपरा में नवाचार के अंतःक्षेपण से है। हम भारतीय लोगों को अपने विरासत में मिले सांस्कृतिक मूल्यों और ज्ञान के साथ आधुनिक विज्ञान और प्रौद्योगिकी के सहज संयोजन को आगे बढ़ाना चाहिए। इस बदलाव से युवा और प्रवीण लोगों को प्रेरित कर सकते हैं। हमें ग्रामीण अंचल में नई पीढ़ी के पेशेवर किसान (जो प्रकृति और कृषि से प्यार करते हैं और विज्ञान और प्रौद्योगिकी को भी समझते हैं) के साथ पुराने किसानों का सहकर्मी संवाद और विचारों के आदान-प्रदान हेतु उपयुक्त अवसर उपलब्ध कराने की परियोजना पर सक्रिय तौर पर काम करना चाहिए।

वस्तुतः मानव और प्रकृति के बीच मेल-मिलाप की खोज का तात्पर्य एक ऐसी जगह के अस्तित्व से है जहाँ एक स्थायी जीवन शैली अपनाई जा सकती हो। एक खूबसूरत जगह, जहाँ निर्मित वातावरण में स्थिरता के सिद्धांतों को लागू किया सके। एक सुंदर और जीवंत स्थान, एक ग्रामीण गाँव या छोटा शहर, जो पारिस्थितिक संरक्षण, अवकाश और दर्शनीय स्थलों की यात्रा, सांस्कृतिक अनुभव और स्वस्थ भोजन जैसे कई लाभ प्रदान करता हो। ऐसी व्यवस्था, जो लोगों को वहाँ जाने और काम करने के लिए आकर्षित करे और पर्यटकों और सेवानिवृत्त लोगों के लिए भी आकर्षक हो, जिससे कि लोग उस गाँव या छोटे से शहर में रहने के लिए जाएँ।

इस प्रकार की गतिविधियों से एक सकारात्मक जनसांख्यिकीय बहाव उत्पन्न होगा जो स्थायी, उन्नत कृषि, छोटे पैमाने के खाद्य प्रसंस्करण और पर्यटन से नए अवसर का निर्माण करेंगे, जो स्थानीय नौकरियों की

कमी के कारण शहरों की ओर प्रवास के प्रवाह को कम या यहाँ तक कि बदल भी देंगे।

इसलिए ग्रामीण पुनरोद्धार और पारिस्थितिक जीवनक्षमता एक शून्य कार्बन गांव की प्रमुख और जुड़ी हुई विशेषताएं हैं।

वर्तमान में, अवसरों की कमी की वजह से युवा पीढ़ी पलायन को मजबूर है, जिसकी वजह से गाँवों का विकास रुक सा जा रहा है। गाँवों के पुनरोद्धार से गाँवों का विकास होगा, और मौजूदा भवनों के नवीनीकरण के अलावा नई इमारतों, सड़कों, बुनियादी ढांचे की आवश्यकता होगी। इसलिए विकास की योजना को इस तरह से बनाना जरूरी है कि एक शून्य कार्बन गाँव को मॉडल स्वरूप के रूप में विकसित किया जा सके जिसमें किसी भी तरह की कमियाँ ना हों, जो एक पारिस्थितिक रूप से रहने योग्य और सुंदर बस्ती का एक लचीला उदाहरण हो, जो आर्थिक गतिविधियों को आकर्षित करने में भी सक्षम हो। जिसमें पूरी तरह से संतुलित प्रक्रिया, सभी कौशल स्तरों के लिए नवाचार विकसित करना और रोजगार सृजित करना प्रमुख उद्देश्य होना चाहिए।

ऊर्जा और संसाधनों की खपत को कम करने के लिए पारिस्थितिक रूप से सुदृढ़ नए विकास को डिजाइन किया जाना चाहिए, जहाँ तक संभव हो ऊर्जा में आत्मनिर्भर होना, नवीकरणीय स्रोतों पर निर्भर रहना और एक चक्रीय अर्थव्यवस्था के सिद्धांतों को लागू करना ही प्राथमिकता होनी चाहिए।

एक शून्य कार्बन गाँव के सामान्य मॉडल के कार्यान्वयन हेतु विशिष्ट भौगोलिक, सामाजिक और सांस्कृतिक परिस्थितियों को अनुकूल बनाने की आवश्यकता होगी, जिससे विभिन्न नियोजन क्रियाएं हो सकती हैं।

## सतत गाँव की डिज़ाइन : अवधारणा स्तम्भ

एक सतत ग्राम विकास को डिजाइन करते समय, डिजाइनर को यह ध्यान रखना चाहिए कि:

1) 2050 तक वैश्विक तापमान वृद्धि को 1.5 डिग्री सेल्सियस तक सीमित करने के लक्ष्य तक पहुँचने के लिए शून्य उत्सर्जन का लक्ष्य है।

2) वर्तमान में शहरी ले-आउट और उनकी बनावट, बढ़ता जनसंख्या घनत्व, भूमि के उपयोग में मिश्रण, ऊर्जा, पानी और अपशिष्ट प्रबंधन सिस्टम, खाद्य उत्पादन ही ग्रीन हाउस गैसेस के उत्सर्जन का कारण हैं।

3) फॉर्म और इंफ्रास्ट्रक्चर केवल प्रत्यक्ष (परिचालन) ही नहीं, बल्कि अप्रत्यक्ष (सन्निहित) ग्रीन हाउस गैसेस के उत्सर्जन को भी प्रभावित करते हैं।

4) सर्कुलर इकोनॉमी के सिद्धांतों को कार्यान्वित करना एक निहित उद्देश्य होना चाहिए।

5) उपरोक्त सभी सभी कारक परस्पर जुड़े हुए हैं और अन्योन्याश्रित हैं, इसलिए एक समग्र प्रणाली का परिप्रेक्ष्य जरूरी है।

सुझाव के तौर पर शून्य कार्बन गाँवों को डिजाइन करने के लिए निम्न 10 सिद्धांतों का पालन करना चाहिए:

1) जलवायु डेटा और ग्रीनहाउस गैसों की सूची बनाना,
2) अच्छी तरह से जुड़े हुए मिश्रित-उपयोग वाले नोड की जानकारी तैयार करना,
3) ताप और शीतलता के स्तर का अध्ययन करना,
4) जीएचजी उत्सर्जन की तीव्रता का अध्ययन करना,
5) नवीकरणीय ऊर्जा स्रोत की तैयारी करना,
6) जलचक्र की मालूमात करना,
7) ठोस कचरा से संबन्धित आकड़े को एकत्र करना,
8) ऊर्जा, पानी, भोजन और अपशिष्ट चक्र की जानकारी करना,
9) रोजगार के अवसर और फुरसत की समयावधि की जांच करना,
10) पारिस्थितिक जागरूकता करना।

# सिद्धांत 1 - जलवायु डेटा और ग्रीनहाउस गैसों की सूची बनाना

शून्य कार्बन गांव के निर्माण हेतु डिजाइन प्रक्रिया की दिशा में पहला आवश्यक कदम शुरुआती बिंदु का ज्ञान होना है। इसके लिए सबसे महत्वपूर्ण जानकारी जलवायु और गाँव की गतिविधियों के वर्तमान पर्यावरणीय प्रभाव, यानी जलवायु डेटा और ग्रीनहाउस गैस उत्सर्जन से संबंधित हैं।

## जलवायु लक्षण का वर्णन

किसी स्थान की जलवायु हीटिंग और कूलिंग के लिए इमारतों की ऊर्जा खपत और नवीकरणीय ऊर्जा के दोहन की क्षमता दोनों को बहुत

प्रभावित करती है। इसके अलावा, स्थानीय जलवायु बाहरी आराम की स्थिति को कम करने के लिए गाँव या बस्तियों के डिजाइनरों द्वारा किए जाने वाले उपायों के प्रकार को प्रभावित करती है और लोगों की चलने या साइकिल चलाने की इच्छा को भी प्रभावित करती है, जो मोटर चालित परिवहन के कारण उत्सर्जन को प्रभावित करती है।

स्थानीय जलवायु को प्रभावित करने वाला एक महत्वपूर्ण पैरामीटर अक्षांश है, जिस पर सौर ऊर्जा उपलब्धता के प्रति घंटा, दैनिक और मौसमी पैटर्न पर निर्भर करता है, और भूमध्य रेखा के आसपास उष्णकटिबंधीय से लेकर उच्च अक्षांशों पर ध्रुवीय किनारों तक इस प्रकार जलवायु की सीमा का निर्धारण करता है। साथ ही यह ध्यान में रखा जाना चाहिए कि समान अक्षांश का मतलब समान जलवायु नहीं होता है, क्योंकि इसके अन्य कारक भी होते हैं, जैसे मौसमी हवाएं और व्यापारिक हवाएं और मानसून, या समुद्र और महाद्वीपीय द्रव्यमान जो स्थानीय जलवायु पर बहुत प्रभाव डालते हैं।

क्योंकि भले ही एक ही अक्षांश पर अलग-अलग जलवायु पाई जा सकती हो, पर आकाश में सूर्य की स्थिति एक विशेषता है जोकि सूर्य की स्थिति से निर्मित वातावरण में छाया पैटर्न को निर्धारित करती है।

किसी दिए गए स्थान पर भवन के ऊर्जा प्रदर्शन और बाहरी वातावरण की गुणवत्ता को प्रभावित करने वाले प्रमुख जलवायु पैरामीटर निम्न हैं-

- सौर विकिरण;
- हवा का तापमान;
- सापेक्षिक आर्द्रता;
- हवा।

सौर विकिरण, हवा का तापमान और हवा का वेग सर्दियों में एक इमारत के तापीय संतुलन को प्रभावित करते हैं, इस प्रकार इसकी ऊर्जा की मांग को प्रभावित करते हैं। गर्मियों में, सापेक्षिक आर्द्रता भी महत्वपूर्ण भूमिका निभाती है, क्योंकि इसे आरामदायक स्तर तक कम करने के लिए ऊर्जा की आवश्यकता होती है। लेकिन साथ ही हवा का संचलन फायदेमंद हो सकता है क्योंकि यह स्थान की स्थिति में सुधार करता है।

सौर विकिरण और पवन नवीकरणीय ऊर्जा के मूल्यवान स्रोत हैं जिनका उपयोग भवन की ऊर्जा आवश्यकताओं को पूरा करने के लिए किया जा सकता है। एक डिजाइनर का काम इमारतों और बाहरी स्थानों को इस तरह से डिजाइन करना है कि ऊर्जा की मांग को कम किया जा सके और साथ ही तापमान और रोशनी को अधिकतम किया जा सके। इस लक्ष्य तक पहुँचने के लिए जलवायु डेटा का सावधानीपूर्वक विश्लेषण करने की आवश्यकता है जो संभवतः उपयुक्त सिमुलेशन मॉडल में इनपुट के रूप में उपयोग किया जा सकता है। स्पष्ट रूप से समान जलवायु परिस्थितियों में भी, एक स्थान के लिए अनुकूलित एक तकनीकी या तकनीकी समाधान दूसरे के लिए इष्टतम नहीं हो सकता है।

## ग्रीनहाउस गैस सूची

शून्य कार्बन स्थिति को प्राप्त करने के उद्देश्य से हमारा पहला कदम ग्रीनहाउस गैसों की सूची को तैयार करना होना चाहिए। पूर्व के अध्ययन से स्पष्ट है कि कार्बन की परिभाषा में कार्बन डाइ-ऑक्साइड के अलावा नाइट्रस ऑक्साइड, मीथेन और एफ-गैस भी शामिल हैं।

जीएचजी उत्सर्जन सूची शुरू करने से पहले ये भी निर्णय लेना ज़रूरी है कि "क्या गिनना है या चुनना है", यानी सूची में कौन सा उत्सर्जन शामिल करना है।

इसके लिए हमें ग्रीनहाउस गैस प्रोटोकॉल का सहारा लेना चाहिए जो हमें निम्न स्तरों पर विचार करने के लिए प्रेरित करता है -

**स्तर-1:** कार्बन डाइ-ऑक्साइड गैस एक बहुत ही बुनियादी कारक है जो हीटिंग, गर्म पानी के उत्पादन, खाना पकाने, परिवहन, जीवाश्म ईंधन के दहन के कारण इमारतों, उद्योगों या सेवाओं (निजी और नगरपालिका) में उत्पादित उत्सर्जन या बिजली के उत्पादन के कारण उत्पन्न होता है।

**स्तर-2:** कार्बन डाइ-ऑक्साइड के अलावा अन्य ग्रीन हाउस गैसेस जैसे मीथेन, नाइट्रस ऑक्साइड, एफ-गैस जो भूमि उपयोग परिवर्तन के प्रभाव (जैसे, वन भूमि को फसली भूमि या बस्तियों, या वनीकरण के लिए साफ किया जा रहा है), लैंडफिल और पशुधन मीथेन उत्सर्जन (एंटरिक किण्वन और खाद प्रबंधन से प्राप्त उत्तरार्द्ध), नाइट्रस दहन उत्पाद, उर्वरक नाइट्रस उत्सर्जन, चावल धान मीथेन उत्सर्जन, आदि से उत्पन्न होती हैं।

**स्तर-3:** उपरोक्त दोनों स्तर के अतिरिक्त अपरोक्ष उत्सर्जन भी है जोकि अमूनता लोगों के द्वारा हो रही गतिविधियों जैसे कि हवाई, ट्रेन या कार यात्रा, कचड़े के निस्तारण के व्यवस्थाओं की सीमाएं, जल शोधन (पोटेबिलाइजेशन और अपशिष्ट जल प्रसंस्करण), सामग्रियों और सामानों के उत्पादन और परिवहन से निकलने वाले उत्सर्जन को भी शामिल करता है।

उपरोक्त तीनों स्तर से पता चलता है कि ग्रीनहाउस गैस प्रोटोकॉल गैस उत्सर्जन को तीन श्रेणियों में वर्गीकृत करता है-

**स्कोप 1** - किसी जगह या स्थान की सीमाओं के भीतर स्थित स्रोतों से ग्रीन हाउस गैसेस उत्सर्जन;

**स्कोप 2** - किसी जगह या स्थान की सीमाओं के भीतर ग्रिड द्वारा आपूर्ति की जाने वाली बिजली, गर्मी, भाप और/या कूलिंग के उपयोग के परिणामस्वरूप किसी जगह या स्थान की सीमाओं के बाहर होने वाला ग्रीन हाउस गैसेस उत्सर्जन;

**स्कोप 3** - किसी जगह या स्थान की सीमाओं के भीतर होने वाली गतिविधियों के परिणामस्वरूप किसी जगह या स्थान की सीमाओं के बाहर होने वाले अन्य सभी ग्रीन हाउस गैसेस उत्सर्जन।

सामान्यतः, **स्कोप-1** का दायरा बहुत बड़ा है, जोकि वृहद तौर पर निम्न को शामिल करता है-

- आवासीय, वाणिज्यिक और संस्थागत भवनों और सुविधाओं और विनिर्माण उद्योगों और निर्माण में ईंधन के दहन से उत्सर्जन, साथ ही बिजली संयंत्रों में ग्रिड-आपूर्ति ऊर्जा उत्पन्न करने के लिए और सामान्य तौर पर, बैक-अप के रूप में या ग्रिड को बदलने के लिए उपयोग किए जाने वाले जनरेटर आदि से उत्पन्न होने वाला उत्सर्जन;

- परिवहन से होने वाला उत्सर्जन, जिसमें लोगों और माल दोनों के लिए होने वाला उत्सर्जन शामिल है। इसमें समाधान की सीमाओं के भीतर मोटर चालित वाहनों द्वारा की जाने वाली सभी यात्राएं इत्यादि शामिल हैं;

- अपशिष्ट निपटान से उत्सर्जन और एरोबिक या अवायवीय अपघटन, या भस्मीकरण के माध्यम से निकलने वाला उत्सर्जन, और ठोस अपशिष्ट या अपशिष्ट जल उपचार सुविधाओं से ऊर्जा स्रोत के रूप में निकलने वाला मीथेन इत्यादि भी शामिल होता है।

- कृषि गतिविधियों से होने वाला उत्सर्जन, खासकर उर्वरकों से निकलने वाला नाइट्रस, पशुधन और चावल के खेतों से निकलने वाला मीथेन;

- भूमि उपयोग परिवर्तन के कारण उत्सर्जन।

अमूनता, **स्कोप** 2 का उत्सर्जन ग्रिड बिजली की मात्रा पर निर्भर करता है जोकि किसी स्थान की सीमाओं के भीतर खपत होती है, साथ ही वितरण नुकसान, और राष्ट्रीय आपूर्ति प्रणाली की संरचना पर, यानी इसके ईंधन मिश्रण पर निर्भर करता है। सामान्यतः अधिक कार्बन डाइ-ऑक्साइड का उत्सर्जन कोयले से चलने वाले बिजली स्टेशन जैसे संस्थानों से होता है।

लेकिन **स्कोप** 3 में शामिल सभी उत्सर्जन की गणना करना बहुत कठिन है और कुछ मामलों में वर्तमान में असंभव है। हालांकि, उनमें से कम से कम कुछ को शामिल करना उचित होगा, जैसे कि सड़क, रेल या हवाई यात्रा के कारण बस्ती के निवासियों और निर्माण सामग्री में निहित उत्सर्जन, मुख्य रूप से सीमेंट, इसके उच्च योगदान के कारण समग्र जीएचजी उत्सर्जन।

अक्षय ऊर्जा उत्पादन और वन या आर्द्रभूमि क्षेत्रों में वृद्धि को नकारात्मक उत्सर्जन के रूप में गिना जाना चाहिए।

## शून्य कार्बन स्थिति हेतु डिज़ाइन सुझाव

सर्वप्रथम शून्य कार्बन स्थिति को प्राप्त करने के लिए शुरुआती तौर पर हमें आधारभूत कार्बन और ग्रीन हाउस गैसेस की उत्सर्जन सूची का निर्माण करना चाहिए, जिसके लिए हमें स्थान की भौतिक सीमाओं को सावधानीपूर्वक परिभाषित करना चाहिए जोकि क्षेत्र का, कृषि या औद्योगिक गतिविधियों को शामिल या बहिष्कृत करके या वन क्षेत्रों में गाँव के लिए होने वाली कार्बन और ग्रीन हाउस गैसों के उत्सर्जन की मात्रा को महत्वपूर्ण रूप से गणना करके सूचीबद्ध करता है।

शून्य कार्बन स्थान के निर्माण के लिए हमें यह निश्चित करना चाहिए कि क्या हमारी गणना में केवल कार्बन डाइ-ऑक्साइड ही शामिल होती है या इसमें सभी ग्रीन हाउस गैसेस (नाइट्रस ऑक्साइड, मीथेन और एफ-गैसें) शामिल हैं। इस आंकलन को निःसन्देह अनुशाषित तौर पर करना चाहिए क्योंकि किसी भी ग्रामीण गाँव में नाइट्रस ऑक्साइड और मीथेन का उत्सर्जन काफी अधिक हो सकता है;

साथ ही हमें यह भी तय करना होगा कि हमारे दायरे में सिर्फ स्कोप 1 या 2 होना चाहिए या स्कोप 3 को भी शामिल किया जा सकता है।

उपरोक्त प्रक्रिया के साथ ही साथ हमें समय-समय पर मील के पत्थर के साथ आधार रेखा से शून्य कार्बन स्थिति तक का मार्ग निर्धारण भी करना चाहिए और नियमित तौर पर उत्सर्जन सूची की निगरानी के कार्य के साथ एक संरचना बनानी चाहिए जिसके तहत मील के पत्थर के अनुपालन की जांच की जा सके और संभावित महत्वपूर्ण मुद्दों पर प्रकाश डाला जा सके।

## सिद्धांत 2: अच्छी तरह से जुड़े मिश्रित उपयोग नोड्स

यदि हमें स्थिरता के कई आयामों का जवाब देना है तो सामान्य तौर पर, दो मुख्य और परस्पर जुड़े हुए डिजाइन सिद्धांतों का अनुपालन करना चाहिए जैसे कि

i.  भूमि उपयोग और पर्यावरण के प्रकार और दोनों की विविधता; और

ii. पर्याप्त रूप से जुड़े और आसानी से सुलभ स्थान।

उदाहरण के तौर पर साइकिल चलाने और सामूहिक और व्यक्तिगत उच्च दक्षता परिवहन की सुविधा के लिए ग्रामीण स्तर पर प्रावधान भी ऊर्जा की मांग और खपत को कम करने के लिए महत्वपूर्ण हैं।

## घनत्व

घनत्व एक महत्वपूर्ण लेकिन विवादास्पद निपटान नियोजन पैरामीटर है, क्योंकि जीएचजी उत्सर्जन पर इसके प्रभाव का मुद्दा एक जटिल विषय है। इसे व्यापक रूप से खोजा गया है और इसे शहर के पैमाने हेतु सबसे महत्वपूर्ण माना जाता है, लेकिन ग्रामीण पैमाने पर यह विकास के केवल कुछ पहलुओं को ही प्रभावित करता है।

**आधारभूत संरचना की सीमा -** निवासियों के उपयोग के लिए पानी, सीवर, और बिजली की सुविधाएं आर्थिक और ऊर्जा की खपत को प्रभावित करती हैं: बस्ती जितनी सघन होगी, नेटवर्क और ग्रिड उतने ही कम व्यापक होंगे।

**भूमि उपयोग -** भूमि का मिश्रित उपयोग मूल रूप से (कार्य, घर और सेवाएं एक दूसरे के करीब) परिवहन से संबंधित ऊर्जा खपत और मिट्टी की खपत दोनों को कम करता है, जो कार्बन को भी प्रभावित करता है और उससे सृजित उत्सर्जनहरित क्षेत्रों का भी सफाया कर सकता है।

हालांकि शामिल मापदंडों की संख्या और प्रणाली की जटिलता को देखते हुए एक गाँव का इष्टतम घनत्व भी पारंपरिक और सांस्कृतिक रूप से प्रासंगिक आवास के पैटर्न पर आधारित होना चाहिए। इसके अलावा एक शुद्ध-शून्य कार्बन गाँव को प्राप्त करने के लक्ष्य के अनुरूप एक घनत्व चुनने में, मानव आराम और सांस्कृतिक विरासत को भी प्राथमिकता देने की आवश्यकता होती है।

## नेट ज़ीरो गाँव हेतु डिजाइन सुझाव

हमें मध्यम या दीर्घावधि में लगभग 50-70 लोगों को प्रति हेक्टेयर समायोजित करने का लक्ष्य रखना चाहिए।

## मिश्रित भूमि उपयोग

उपयोग और सेवाओं का मिश्रण, परंपरा के अनुरूप होने के अलावा, शून्य कार्बन निपटान बनाने के उद्देश्य से एक सफल रणनीति की कुंजी है, और यह गतिशीलता पैटर्न से निकटता से जुड़ा हुआ है।

यदि सबसे अधिक उपयोग की जाने वाली सेवाओं को घरों के आसपास उचित रूप से वितरित किया जाता है जो उपयुक्त सड़क नेटवर्क के कारण आसानी से सुलभ हैं, तो मोटर चालित परिवहन का उपयोग काफी कम हो जाता है क्योंकि इसे पैदल और साइकिल से प्रतिस्थापित किया जाएगा, जिससे स्वास्थ्य में सुधार होगा और लोगों से मिलना आसान हो जाएगा जोकि मानव संपर्क बढ़ाने के साथ, गाँव के जीवन की गुणवत्ता में भी सुधार करता है।

## चलने की योग्यता: पांच मिनट की पैदल दूरी

वर्तमान में पारंपरिक गाँवों वाली व्यवस्था की पुनर्स्थापना होनी चाहिए जोकि जनसंख्या घनत्व, कनेक्टिविटी और संसाधनों के मिश्रित उपयोग और इस सबके बीच उचित रूप से संतुलित व्यवस्था के तहत एक शून्य कार्बन गाँव को रहने योग्य बनाती हैं। यानी एक ऐसा स्थान जहाँ मोटर चालित परिवहन कम से कम हो, क्योंकि सेवाएँ और सुविधाएँ चलने योग्य दूरी पर उपलब्ध हैं, जैसा कि पारंपरिक गाँवों में थीं; जोकि दैनिक जरूरतों को गाँव के भीतर ही पूरा करती हैं।

इस प्रकार से, एक शून्य कार्बन गाँव को डिजाइन करते समय हमें चलने वाली योग्यता को दरअसल पहले और सबसे महत्वपूर्ण सिद्धांत के रूप में रखना चाहिए। कार यात्रा को अनावश्यक बनाने के लिए खुदरा और पारगमन सहित सभी दैनिक सेवाएं घर से पांच से दस मिनट (400-800 मीटर) की पैदल दूरी के भीतर प्रदान की जानी चाहिए। सामान्य परिस्थितियों में, विशेष सेवाएँ या शहर-स्तर के कार्यों (अस्पताल, थिएटर) के लिए गाँव से बाहर जाया जा सकता है क्योंकि ये कभी-कभार ही उपयोग किए जाते हैं।

चलने वाली योग्यता किसी क्षेत्र की स्थितियों का एक उपाय है जो चलने को बढ़ावा देता है, और पेड-शेड (पांच मिनट की पैदल दूरी के लिए छोटा शेड या पैदल यात्री शेड), भले ही यह सबसे महत्वपूर्ण हो, लेकिन किसी भी बस्ती की चलने की क्षमता की पूरी तस्वीर नहीं दे सकते हैं, क्योंकि हमें इनके अध्यन के लिए निम्नलिखित कारकों पर भी विचार करना चाहिए, अर्थात्:

- आवासीय घनत्व- आसपास के क्षेत्र के घनत्व का संकेतक;

- वाणिज्यिक घनत्व- क्षेत्र में स्थित व्यवसायों, रेस्तरां, खुदरा दुकानों और अन्य व्यावसायिक उपयोगों की मात्रा का संकेतक;

- प्रतिच्छेदन घनत्व- सड़क नेटवर्क की कनेक्टिविटी, पथ या सड़क नेटवर्क में कनेक्शन के घनत्व और लिंक की प्रत्यक्षता का संकेतक;

- भूमि उपयोग मिश्रण या एन्ट्रॉपी स्कोर- यानि कि एक ब्लॉक समूह में भूमि उपयोग के प्रकार की विविधता किस हद तक मौजूद है।

## नेट ज़ीरो गाँव हेतु डिजाइन सुझाव

- हमें यह सुनिश्चित करना चाहिए कि नीचे दी गयी तालिका में सूचीबद्ध विविध भूमि उपयोगों की चार श्रेणियों में से प्रत्येक से कम से कम एक उपयोग हेतु, गाँव की कम से कम 50% आवासीय इकाइयों के 400-800 मीटर की पैदल दूरी के भीतर हैं।

| | |
|---|---|
| **भोजन या खुदरा**<br>सुपरमार्केट,<br>उपज के साथ अन्य खाद्य भंडार<br>**सामुदायिक सेवा वाले**<br>खुदरा कपड़ों की दुकान या कपड़े बेचने वाले डिपार्टमेंटल स्टोर,<br>सुविधा स्टोर,<br>किसान मंडी, हार्डवेयर की दुकान, फार्मेसी, अन्य किराये<br>**सेवाएं**<br>बैंक,जिम, हेल्थ क्लब, एक्सरसाइज स्टूडियो, हेयर केयर, लॉन्ड्री, ड्राई क्लीनर, रेस्तरां, कैफे, डाइनर | **नागरिक और सामुदायिक सुविधाएं**<br>वयस्क या वरिष्ठ देखभाल (लाइसेंस प्राप्त), बाल देखभाल केंद्र, सामुदायिक या मनोरंजन केंद्र, सांस्कृतिक कला सुविधा (संग्रहालय, प्रदर्शन कला), शैक्षिक सुविधा,<br>पारिवारिक मनोरंजन स्थल (थिएटर, खेल), सरकारी कार्यालय, चिकित्सा क्लीनिक या कार्यालय जो रोगियों का इलाज करता है, पुलिस या फायर स्टेशन, डाक बंगला, सार्वजनिक पुस्तकालय, सार्वजनिक पार्क, समाज सेवा केंद्र। |

- हमें स्थानीय खाद्य बाजारों के लिए जगह प्रदान करनी चाहिए।
- हमें सार्वजनिक परिवहन नोड्स के करीब, केंद्र में सेवाओं के साथ समुदाय केंद्र को रखना चाहिए।
- हमें आरामदायक सड़क व्यवस्था प्रदान करनी चाहिए।

## कार की पहुंच

वर्तमान में भारत सरकार के प्रयासों से हम भविष्य में जिले और गाँव के गतिशीलता पैटर्न में आमूल-चूल परिवर्तन का अनुभव करेंगे। लोगों में बढ़ती कार पूलिंग की परंपरा, सार्वजनिक परिवहन और टिकाऊ गतिशीलता प्रणालियों की उपलब्धता में वृद्धि, और समग्र शहरी पर्यावरणीय गुणवत्ता में सुधार की मांग की वजह से निजी कारों का उपयोग निकट भविष्य में काफी हद तक कम हो जाएगा।

आदर्श स्वरूप में हम कह सकते हैं कि एक आकर्षक शून्य कार्बन गाँव की सड़कों के किनारे कारें खड़ी नहीं दिखाई पड़ेंगी।

निकट भविष्य में गतिशीलता में नए रुझान, इलेक्ट्रिक वाहनों के बढ़ते प्रयोग, परिवहन के विभिन्न साधनों को साझा करने और उन्नत आईसीटी समाधानों के एकीकरण की विशेषता की वजह से पार्किंग क्षेत्र की आवश्यकता में निःसन्देह कमी आएगी।

## नेट ज़ीरो गाँव हेतु डिजाइन सुझाव

एक आकर्षक शून्य कार्बन गाँव के निर्माण के लिए हमें नीचे दिये गए उपायों को अमल में लाना चाहिए-

1) इमारतों के भूतल में कार पार्किंग करने से बचना चाहिए;
2) जहाँ कई पार्किंग स्थल की संभावना हो, वहां कार मुक्त आवासीय क्षेत्र बनाने की संभावना पर काम करना चाहिए;
3) इलेक्ट्रिक कार, कार शेयरिंग (पारंपरिक या स्व-ड्राइविंग) के आधार पर गतिशीलता में नए रुझानों के लिए हमें गाँव के भीतर, घरों और सेवाओं से पैदल दूरी पर कई छोटे पार्किंग स्थल, और चार्जिंग स्टेशन का प्रावधान करना चाहिए;

## सड़कों (स्ट्रीट) के आदर्श प्रकार

पारंपरिक गाँवों में तीन मुख्य सड़क प्रकारों पर विचार किया जाना चाहिए: पारगमन, पहुंच और स्थानीय सड़कें।

वर्तमान में जैसे हो रहा है, उसके विपरीत, सड़कों का डिज़ाइन केवल कारों की आवश्यकताओं द्वारा निर्धारित नहीं किया जाना चाहिए और हर जगह एक ही डिजाइन नहीं होना चाहिए।

## नेट ज़ीरो गाँव हेतु डिजाइन सुझाव

- गाँव की सड़कों की चौड़ाई निर्धारित करते समय इस बात पर भी विचार करना चाहिए कि सड़कों पर पैदल चलने वालों और साइकिल चालकों को भी जगह मिले और उन्हें गतिशीलता के अन्य सभी रूपों में प्राथमिकता मिलनी चाहिए।

- एक चलने योग्य बस्ती या गाँव में पगडंडियों की जगह फुटपाथ का निर्माण होना चाहिए।

## कार्बन सिंक

हरित क्षेत्र, जहाँ प्रकृति की शक्ति और सुंदरता स्वयं को अभिव्यक्त कर सकती है और जैव विविधता को बढ़ाया जा सकता है, वो कई कारणों जैसे, पारिस्थितिक, जलवायु, सौंदर्य और मनोरंजन की वजह से सर्वोपरि हैं।

हरित पार्क और प्रकृति भंडार उस नीति की रीढ़ हैं, जिसका उद्देश्य मानव और प्रकृति के बीच एक सामंजस्यपूर्ण संपर्क को बढ़ाना है। उनका एक उच्च पारिस्थितिक मूल्य है।

प्रकृति के भंडारों में सबसे महत्वपूर्ण वन और आर्द्रभूमि हैं, जिनकी भूमिका जैव विविधता के अलावा कार्बन सिंक के रूप में भी अत्यंत महत्त्वपूर्ण है।

## ग्रामीण स्तर पर हरित क्षेत्र

भौगोलिक रूप से पृथ्वी का सम्पूर्ण क्षेत्र जंगलों और वनस्पतियों के स्वरूप में हरियाली से भरा-पूरा था।

बाद में मानव सभ्यता विकास के क्रम में जंगलों को काट कर अपने रहने के लिए स्थान और भोजन के लिए खेती क्षेत्र बनाते चले गए।

आज के गाँवों में दिखने वाली हरियाली मानव निर्मित है, जो उसने अपनी सुविधा के लिए बाग-बगीचों के रूप में विकसित किया है।

लेकिन फिर भी हमें उन बाग-बगीचों का संवर्धन करना चाहिए।

## सार्वजनिक स्थान: गाँव के पार्क, खेल के मैदान और विश्राम क्षेत्र

हरियाली, सड़क के किनारे वृक्षारोपण, हरित स्थान, पार्क और उद्यान, गर्मियों में बाहरी और आंतरिक तापमान में सुधार करते हैं और भवनों को

शीतल कर ऊर्जा की खपत को कम करने के बहुत ही कुशल और प्रभावी साधन साबित होते हैं।

पार्कों में हवा और सतह का तापमान आसपास के निर्मित क्षेत्र की तुलना में काफी कम हो सकता है, जिसे "पार्क कूल आइलैंड" कहा जाता है।

हरे-भरे इलाकों से भरी बस्ती या गाँव भी रहने के लिए एक सुखद और स्वस्थ जगह होती है।

लेकिन हरियाली बनाए रखने के लिए पानी की आवश्यकता होती है। पेड़ों, पार्कों, छोटे हरे क्षेत्रों के लिए पानी उपलब्ध कराना एक चुनौतीपूर्ण कार्य हो सकता है, क्योंकि बड़ी मात्रा में इसकी आवश्यकता होती है और इसकी लागत तब बढ़ जाती है जब खासकर पीने योग्य पानी का उपयोग किया जाता है, जिसकी गुणवत्ता पौधों को पानी देने के लिए आवश्यक गुणवत्ता से कहीं अधिक होती है।

हमारे जीवन के लिए हरित क्षेत्र महत्वपूर्ण हैं, क्योंकि वे कार्बन सिंक होते हैं।

## पेड़ और ग्रीन रूफ

वृक्ष अनेक लाभ प्रदान करते हैं। वे छाया प्रदान करते हैं, जो बाहरी आराम और इमारतों की शीतलता के लिए ऊर्जा की मांग दोनों के लिए फायदेमंद होते हैं।

पेड़ों की एक और गुणवत्ता कार्बन सिंक के रूप में कार्य करने की है। कार्बन सिंक के रूप में कार्य करते हुए पेड़ कार्बन को अपने तनों, पत्तियों और जड़ों में संग्रहित करते हैं, जिससे जीएचजी उत्सर्जन में कमी आती है।

ग्रीन रूफ, एक छत पर उगाई जाने वाली वनस्पति परत है। ग्रीन रूफ छत पर वनस्पति सतहों को छाया देती है और वाष्पीकरण के माध्यम से हवा से गर्मी को दूर करती है। ये दोनों स्तरों, छत की सतह और आसपास की हवा, के तापमान को कम करते हैं, जो गर्मियों में फायदेमंद होता है। सर्दियों में, इसका लाभ तापमान में वृद्धि और छत के इन्सुलेशन से जुड़ा हुआ है जो कि आवासीय परिसर को ठंडा रखते हैं।

भारी बारिश की स्थिति में हरी छतें पानी के बहाव के लिए एक बफर के रूप में भी काम करती हैं।

## कृषि

वर्तमान में कृषि ग्रीन हाउस गैस प्रोटोकाल के उल्लंघन का एक प्रमुख कारक बन रहीं है, इसलिए गाँव के किसानों द्वारा खेती की जाने वाली भूमि का प्रबंधन एक शून्य कार्बन गाँव के लिए महत्वपूर्ण है।

कृषि उत्पादन को कार्बन उत्सर्जक से शुद्ध कार्बन सिंक में बदलने या कम से कम इसे तटस्थ बनाना ही असली चुनौती है। इसे आजकल उपलब्ध सबसे उन्नत वैज्ञानिक और तकनीकी विधियों के साथ पारंपरिक (कृत्रिम उर्वरक उपलब्ध होने से पहले) कृषि पद्धतियों के सिद्धांतों के संयोजन से प्राप्त किया जा सकता है। कृषि का ऐसा रूप न केवल पारिस्थितिक रूप से स्वस्थ है, बल्कि मानव और प्रकृति के बीच बहाल सद्भाव का एक जीवंत उदाहरण भी है, जिसका पर्यटकों और निवासियों के साथ-साथ किसानों द्वारा भी आनंद लिया जा सकता है: यह शैक्षिक, मनोरंजन और पारिस्थितिक मूल्य को जोड़ने का एक तरीका है।

## घरेलू स्तर पर: किचन गार्डन

ग्रामीण गाँवों में घरों के पास जमीन के छोटे-छोटे भूखंड होते हैं जहाँ वे सब्जियाँ और फल उगाते हैं, और निजी उपयोग के लिए और अक्सर स्थानीय बिक्री के लिए भी कुछ जानवरों (मुर्गी, मुख्य रूप से) को पालते हैं।

ये हरियाली के सामान्य लाभों में योगदान करते हैं और आमतौर पर अच्छा, स्वस्थ भोजन प्रदान करते हैं। एक शून्य कार्बन गाँव में उपयुक्त कृषि तकनीकों के माध्यम से कृत्रिम उर्वरकों, कीटनाशकों और शाकनाशियों के उपयोग को कम करके, स्थायी कृषि पद्धतियों के लिए परिवारों को शिक्षित करके - जब भी आवश्यक हो - टिकाऊ किचन गार्डन को बढ़ावा दिया जाना चाहिए।

## नेट ज़ीरो गाँव हेतु डिजाइन सुझाव

हमें सुनिश्चित करना चाहिए कि हम प्रत्येक गाँव में निम्न व्यवस्था को लागू करा सकें-

- एक छोटा-मध्यम आकार का पार्क

- वृक्षों से आच्छादित सड़कें
- जगह-जगह छोटे हरित पॉकेट पार्क (गमले वाले हरे पौधे, हरे आश्रय, छत और दीवारें)

हमें हरित स्थलों और क्षेत्रों को डिजाइन करने में स्थानीय परंपराओं और प्रजातियों पर भी विचार करना चाहिए। जहां भी संभव हो, बड़े पैमाने पर पेड़ों का उपयोग करें: जैसे कि सड़कों के किनारे, चौकों में, पार्किंग क्षेत्रों में। हमें ग्रीन रूफ छत को भी प्रयोग में लाने के लिए बढ़ावा देना चाहिए।

## सिद्धांत 3 – ताप और शीतलता

शून्य कार्बन भवन एक शून्य कार्बन गांव के लिए अपेक्षित है।

वर्तमान में, आबादी (निवासियों और/या पर्यटकों) में वृद्धि और आर्थिक स्थितियों में सुधार की वजह से लोग गर्मियों मे एयरकंडिशनर और सर्दियों में गीजर का प्रयोग बढ़ाते जा रहे हैं, जिसकी वजह से ऊर्जा की खपत में उल्लेखनीय वृद्धि हो रही है। यह घटना सभी देशों में उनके आर्थिक विकास के परिणामस्वरूप आम हो रही है।

हमें कोशिश करके इसे कम करना चाहिए। एक शून्य कार्बन गाँव के निर्माण के लिए हमें ऊर्जा की मांग को कम करने के लिए जलवायु के अनुकूल भवन डिजाइन की व्यवस्था को अपनाना चाहिए।

## वातानुकूलित इमारत डिजाइन

किसी भी हीटिंग या कूलिंग सिस्टम की अनुपस्थिति में आंतरिक स्थितियों से आरामदायक स्थितियों में स्थानांतरित करने के लिए हीटिंग या कूलिंग प्रदान करने के लिए भवनों में ऊर्जा की आवश्यकता होती है। इन दोनों स्थितियों के बीच की दूरी जितनी अधिक होगी, उतनी ही अधिक ऊर्जा की आवश्यकता होगी।

यह दूरी मुख्य रूप से बाहरी जलवायु परिस्थितियों से प्राप्त होती है: वे जितनी अधिक चरम होती हैं, यानी कम आरामदायक, आंतरिक वातावरण को आरामदायक बनाने के लिए उतनी ही आवश्यक ऊर्जा की मात्रा की जरूरत होगी जोकि तकनीकी उपकरणों से कृत्रिम आराम की स्थिति उत्पन्न करने के लिए होनी चाहिए। लेकिन जब भवन जलवायु के अनुकूल हो तो ऊर्जा की खपत न्यूनतम होती है।

इसके लिए भवन का आकार महत्वपूर्ण है क्योंकि भवन की सतह का आयतन अनुपात जितना अधिक होगा, तापीय ऊष्मा और शीतलता भी उतनी ही अधिक या कम होगी।

शून्य कार्बन गाँव प्राप्त करने के लिए पूर्वापेक्षा यह है कि मौजूदा भवन जहाँ तक संभव हो ऊर्जा दक्ष हो और नए भवन शून्य कार्बन वाले हों। इसका तात्पर्य यह है कि उन्हें न केवल सर्दियों में सौर ऊर्जा को अधिकतम करने और गर्मियों में उन्हें उपयुक्त खिड़की के आकार और ओवरहैंग्स के माध्यम से कम करने के लिए डिज़ाइन किया जाना चाहिए, बल्कि उन्हें सर्दियों में गर्मी के नुकसान को कम करने और गर्मियों में सर्दियों के हिसाब से डिज़ाइन किया जाना चाहिए, जो उचित इन्सुलेशन और हल्के रंग की दीवारों के माध्यम से प्राप्त किया जा सकता है।

खिड़की का आकार और प्रकार न केवल एक इमारत के सर्दियों के असर को प्रभावित करता है, बल्कि गर्मियों के असर को भी प्रभावित करता है, प्राकृतिक वेंटिलेशन के माध्यम से, यानी खिड़कियों, दरवाजों या अन्य जगहों के माध्यम से प्राकृतिक एयरफ्लो प्राप्त किया जा सकता है।

प्राकृतिक वेंटिलेशन इमारत के ऊर्जा संतुलन और तापमान दोनों को प्रभावित करता है। यह इमारतों के ऊर्जा संतुलन को प्रभावित करता है।

क्योंकि बाहरी हवा का प्रवाह, बाहरी और आंतरिक तापमान अंतर के अनुसार आंतरिक हिस्से में घटता है या बढ़ता है। यह सीधे तापमान को प्रभावित करता है क्योंकि हवा का वेग संवहन विनिमय और वाष्पीकरण के माध्यम से भवनो के ऊर्जा संतुलन को प्रभावित करता है।

## नेट ज़ीरो गाँव हेतु डिजाइन सुझाव

हमें हीटिंग के लिए ऊर्जा की मांग को कम करने के उद्देश्य से और सौर ऊर्जा का लाभ लेने हेतु, साथ ही बेकार और असुविधाजनक ओवरहीटिंग से बचने के लिए तापमान और इन्सुलेशन को ध्यान में रखते हुए, दक्षिण की ओर वाले अग्रभाग की खिड़की से दीवार का अनुपात (0.3<Wwr<0.5) रखना चाहिए।

हमें सर्दियों में उत्तर से आने वाली ठंडी हवाओं के कारण गर्मी के नुकसान और ठंडी हवा के भीतरी प्रवाह को कम करने के लिए, साथ ही दिन के उजाले के मानकों को पूरा करने के लिए, उत्तर की ओर वाले अग्रभाग के डब्ल्यू.डब्ल्यू.आर. को कम से कम रखना चाहिए।

गर्मियों में प्राकृतिक वेंटिलेशन का फायदा उठाने के लिए पूरी तरह से खुलने वाली खिड़कियों का डिजाइन रखना चाहिए।

हमें टिंटेड ग्लास के इस्तेमाल से बचना चाहिए।

इमारतों की ऊर्जा मांग को कम करने में योगदान देने के लिए, नए विकास के लेआउट को इस तरह से डिजाइन किया जाना चाहिए कि भवनों और उनके आस-पास की जगह को सर्दियों में जितना संभव हो उतना सौर विकिरण प्राप्त हो सके और गर्मियों में, जितना संभव हो उतनी छाया मिल सके ताकि हवा की गति को अनुकूल बनाया जा सके।

घनत्व और मिश्रित उपयोग के बारे में दिये गए सुझावों के अनुसार, और दक्षिण मुखी इमारतों की आवश्यकता के कारण, गाँव के नए विकास का हिस्सा पूर्व-पश्चिम चलने वाली सड़कों को भवनों द्वारा सीमांकित किया जाना चाहिए।

इस मामले में, सर्दियों में दक्षिण की ओर सौर ऊर्जा को अधिकतम करने के लिए, उत्तर-दक्षिण रेखा के साथ इमारतों के बीच की दूरी ऐसी होनी चाहिए कि पारस्परिक छायांकन से बचा जा सके। इसी तरह, उचित खिड़की के आकार से, पॉकेट इन्सुलेशन और तापमान के संयोजन से जब भी सूर्य चमक रहा हो, तब सौर ऊर्जा के साथ आंशिक या पूर्ण रूप से गर्मी के नुकसान को ऑफसेट किया जा सके।

## सड़क की चौड़ाई और अभिविन्यास

एक शून्य कार्बन गाँव के निर्माण हेतु हमें कोशिश कर इमारतों और सड़कों को सर्दियों में जितना संभव हो उतना सूर्य के संपर्क में लाया जाना चाहिए और गर्मियों में जितना संभव हो उतना छायांकित करना चाहिए।

## नेट ज़ीरो गाँव हेतु डिजाइन सुझाव

संभव हो, तो हमें निम्नलिखित बातों का ध्यान रखना चाहिए-

1) उत्तर-दक्षिण/ पूर्व-पश्चिम दिशा में स्ट्रीट ग्रिड को डिज़ाइन करें;
2) सड़क के दोनों फुटपाथों को छायादार किया जाना चाहिए;
3) मुख्य रूप से वाहनों के आवागमन के लिए उत्तर-दक्षिण की सड़कों का उपयोग करने पर विचार करना चाहिए और पूर्व-पश्चिम उन्मुख सड़कों को मुख्य रूप से पैदल चलने वालों के लिए छोड़ दें, क्योंकि वे सर्दियों में और गर्मियों में भी अधिक रहने योग्य होती हैं।

## वायु संचलन

वायु संचलन पर्यावरण के ऊर्जा संतुलन में एक महत्वपूर्ण भूमिका निभाता है, जो बाहरी और आंतरिक तापमान को प्रभावित करता है, साथ ही इमारतों के ऊर्जा आदान-प्रदान के लिए भी प्रभावितशाली होता है।

कई इमारतों वाले क्षेत्र में हवा की गति की भविष्यवाणी करना आसान नहीं है, इसे केवल कंप्यूटर सिमुलेशन या पवन सुरंगों के माध्यम से मापा जा सकता है।

पूर्व के अध्यन बताते हैं कि अंदरूनी वेंटिलेशन के लिए खिड़की के माध्यम से हवा का इष्टतम घटना कोण 0 डिग्री (लंबवत) और 45 डिग्री के बीच होना चाहिए।

## फुटपाथ

समान्यतः वर्तमान में किसी गाँव या शहर की जमीनी सतह का एक बड़ा हिस्सा फुटपाथ से ढका होता है, जो आमतौर पर डामर या कंक्रीट से बना होता है। हालांकि, ऐसी सामग्रियों के अल्बेडो के कम होने के कारण, गर्मी के साफ दिनों में, जब सूरज आकाश में अधिक होता है, तो उनकी सतह 60-70 डिग्री सेल्सियस तक के चरम तापमान तक पहुंच सकती है, क्योंकि वे ऊष्मा को अवशोषित करते हैं। जिसकी वजह से 65 से 95% सौर विकिरण उन तक पहुँचता है। वे गर्मियों में बाहरी असुविधा और भवनों की शीतलता के लिए ऊर्जा खपत को बढ़ा देते हैं।

दूसरी ओर, बरसात के समय में, वे वर्षा जल को एकत्र करते हैं और जब भारी वर्षा होती है, तो सड़कों और चौकों में बाढ़ की स्थिति उत्पन्न कर सकते हैं।

हीटिंग के प्रभाव को कम करने और सड़क पर बाढ़ में उनके योगदान को कम करने के लिए पहला, सबसे प्रभावी तरीका पेवमेंट की आवश्यकता को कम करना है और अगर जरूरीं हों, तो उच्च अल्बिडो और जल पारगम्यता वाले फुटपाथ बनाए जाएँ।

## नेट ज़ीरो गाँव हेतु डिजाइन सुझाव

- फुटपाथों की छाया के लिए पेड़ों का उपयोग करें।
- पार्किंग स्थान की आवश्यकताओं को कम करें।
- हल्के रंग के समुच्चय के साथ बाइंडर को मिलाकर या रिक्त स्थान के बीच उगने वाली वनस्पति के साथ पारगम्य फुटपाथ का उपयोग करके पेवमेंट्स के अल्बेडो को बढ़ाएं तथा फुटपाथ को पारगम्य बनाएं।

## सिद्धांत 4: जीएचजी उत्सर्जन

जीएचजी उत्सर्जन का एक पूर्ण विश्लेषण, यानी जीएचजी प्रोटोकॉल के तहत स्कोप 3 के अंतर्गत उत्सर्जन, यह दर्शाता है कि एक बड़ा हिस्सा सामग्री प्रवाह में सन्निहित है जोकि उत्पादों या सेवाओं के निष्कर्षण, उत्पादन और परिवहन से जुड़े लोगों के कारण है। इनका बहुत अधिक पर्यावरणीय प्रभाव है, क्योंकि ये ऊर्जा की एक महत्वपूर्ण मात्रा का उपभोग करते हैं और निर्माण क्षेत्र के अधिकांश जीएचजी उत्सर्जन का कारण बनते हैं।

जैसा कि कई अन्य संदर्भों में, और ग्रामीण आंचल में भी, निर्माण उद्योग में औद्योगिक सामग्रियों की शुरूआत के साथ एक बड़ा परिवर्तन हुआ है, जो पारंपरिक, स्थान-आधारित समाधानों पर हावी हो गया।

इस प्रवृत्ति को बदला जाना चाहिए और निर्माण सामग्री जैसे पत्थर, लकड़ी, बांस, स्थिर संपीड़ित ईंटें, आदि, जिनमें कम उत्सर्जन होता है, का उपयोग किया जाना चाहिए। ये हमारी सांस्कृतिक विरासत के अनुरूप हैं और स्थानीय रूप से उत्पादित भी किया जा सकते हैं, साथ ही, परिवहन ऊर्जा की आवश्यकता को कम कर सकते हैं और स्थानीय अर्थव्यवस्था को मजबूत कर सकते हैं।

उपयोग किए गए संसाधनों की मात्रा को कम करके भी निर्माण सामग्री के कारण होने वाले अप्रत्यक्ष उत्सर्जन में महत्वपूर्ण कमी को प्राप्त किया जा सकता है। उदाहरण के लिए, शहरी घनत्व और अप्रत्यक्ष जीएचजी उत्सर्जन के बीच एक उलटा संबंध है, इस तथ्य के कारण कि इमारतों की सतह से आयतन (S/V) अनुपात जितना कम होगा, आवश्यक सामग्रियों की मात्रा उतनी ही कम होगी।

लेकिन भवन निर्माण सामग्री और भवन के आकार का सावधानीपूर्वक चुनाव स्थायी भवन डिजाइन की दिशा में केवल एक कदम है, क्योंकि चक्रीय अर्थव्यवस्था के सिद्धांतों के अनुसार पूरे भवन के जीवन चक्र का मूल्यांकन करना आवश्यक है।

इस प्रकार, पुनः उपयोग या पुनर्नवीनीकरण की जा सकने वाली सामग्रियों और घटकों के उपयोग को प्राथमिकता दी जानी चाहिए।

हमें यह ध्यान देना चाहिए कि, जैसा कि एक शून्य कार्बन गाँव का उद्देश्य शून्य या लगभग शून्य को कम करना है, इमारतों के संचालन के लिए आवश्यक जीवाश्म ऊर्जा की मात्रा, ग्लोबल वार्मिंग पर बिल्डिंग स्टॉक का मुख्य प्रभाव होगा, अतः सन्निहित उत्सर्जन के लिए, उनका नियंत्रण सर्वोपरि होता है।

शहरी गतिशीलता को जिस तरह से डिजाइन किया गया है, वह भी सन्निहित उत्सर्जन को प्रभावित करता है। वास्तव में, कार्यों के एक उपयुक्त मिश्रण के कारण, निजी वाहनों का उपयोग जितना अधिक सीमित होगा, निजी कारों की आवश्यकता उतनी ही कम होगी और इस प्रकार गाँव की कारों के बेड़े में जीएचजी उत्सर्जन की कुल मात्रा कम होगी। इसके अलावा, कारों की संख्या कम होने से सड़क के बुनियादी ढांचे की जरूरत कम हो जाती है, जिसके परिणामस्वरूप उपयोग की जाने वाली सामग्रियों में कमी आती है, जो अप्रत्यक्ष तौर पर उत्सर्जन को कम करता है।

## नेट ज़ीरो गाँव हेतु डिजाइन सुझाव

- हमें निर्माण सामग्री चुनते समय भवन के पूरे जीवन चक्र पर विचार करना चाहिए;
- सतह से आयतन अनुपात (s/v) सूचक के माध्यम से इमारतों की सघनता को ध्यान में रखते हुए निर्माण सामग्री का उपयोग कम से कम करें, या इसे कम करने का प्रयास करें;
- ऐसे विकल्प चुनें, जो स्क्रैप सामग्री में कमी सुनिश्चित करें; यह विशेष रूप से उच्च सन्निहित ऊर्जा सामग्री के लिए बहुत महत्वपूर्ण है;
- कम सन्निहित ऊर्जा सामग्री और कम ऊर्जा निर्माण प्रणालियों का चयन करें। उदाहरण के लिए, बीम के लिए कंक्रीट के स्थान पर घरेलू, प्रमाणित इमारती लकड़ी का उपयोग करें, सीमेंट मोर्टार के स्थान पर लाइम-पोज़ोलाना मोर्टार, जली हुई मिट्टी की ईंटों के ऊपर मिट्टी या स्थिर मिट्टी के ब्लॉक या रेत-चूने के ब्लॉक, सीमेंट प्लास्टर पर जिप्सम और प्लास्टर। स्टील फ्रेम के स्थान पर लोड-

बेयरिंग चिनाई जैसी कम-ऊर्जा संरचनात्मक प्रणालियों का उपयोग करें;

- प्राकृतिक रूप से उपलब्ध सामग्री, विशेष रूप से लकड़ी, पेड़, पुआल, घास, बांस आदि जैसे जैविक नवीकरणीय सामग्री का उपयोग करें। यहां तक कि गैर-नवीकरणीय अकार्बनिक सामग्री, जैसे पत्थर और मिट्टी भी उपयोगी हैं, क्योंकि उनका पुन: उपयोग या पुनर्नवीनीकरण किया जा सकता है;

- टिकाऊ सामग्री और घटकों का उपयोग करें। संरचनात्मक और कार्यात्मक टिकाऊ घटकों और सामग्रियों का उपयोग दीर्घकालिक उपयोग के साथ-साथ भवनों के जीवनकाल के दौरान रखरखाव और नवीनीकरण लागत में कमी की अनुमति देता है;

- स्थानीय रूप से उपलब्ध सामग्रियों और तकनीकों का उपयोग करें, स्थानीय कार्यबल को नियोजित करें;

- अधिक पुन: प्रयोज्य और पुन: प्रयोज्य क्षमता वाली सामग्रियों का उपयोग करें; ईंट, लकड़ी, कंक्रीट, पत्थर, धातु की चादरें जैसी शुद्ध सामग्री इस उद्देश्य के लिए सबसे उपयुक्त हैं। पूर्वनिर्मित ठोस फोम-धातु या फोम-प्लास्टर तत्वों जैसी सामग्री को अलग करना और रीसायकल करना मुश्किल है;

- कम से कम 50% निर्माण कचरे के पुनर्चक्रण या बचाव की योजना बनाएं;

- गैर-संरचनात्मक या इन्फिल दीवार प्रणाली के लिए औद्योगिक अपशिष्ट-आधारित ईंटों/ब्लॉकों का उपयोग करें;

## सिद्धांत 5: नवीकरणीय ऊर्जा स्रोत

ऊर्जा कुशल रूपांतरण प्रौद्योगिकियां नवीकरणीय ऊर्जा स्रोतों के व्यापक उपयोग के लिए एक पूर्वापेक्षा हैं, क्योंकि लागत प्रभावी ग्रामीण ऊर्जा प्रणाली के लिए, ऊर्जा रूपांतरण प्रौद्योगिकियाँ जितनी अधिक कुशल और उपयुक्त होंगी, किसी दिए गए कार्य को पूरा करने के लिए उतनी ही कम ऊर्जा की आवश्यकता होगी और आवश्यक नवीकरणीय ऊर्जा प्रदान करने वाली उत्पादन प्रणाली उतनी ही छोटी और सस्ती होगी।

## कुशल ऊर्जा रूपांतरण प्रौद्योगिकियाँ

भारत के ज़्यादातर हिस्से की जलवायु में, सर्दियों में हीटिंग और गर्मियों में ठंडा करने दोनों की आवश्यकता को देखते हुए, और आंतरिक आराम प्रदान करने के लिए सबसे कुशल तकनीक हीट पंप है, जो जल निकायों या भूजल के साथ गर्मी का आदान-प्रदान करती है। यदि पास में कोई जल निकाय उपलब्ध नहीं है, और भूमिगत जल भी आसानी से उपलब्ध नहीं है, तो परिवेशी वायु का उपयोग गर्मियों में हीट सिंक और सर्दियों में ताप स्रोत के रूप में किया जा सकता है। यहाँ तक कि अगर पानी, जिसे हीट सिंक/स्रोत के रूप में इस्तेमाल किया जा सकता है, उपलब्ध है, तो पानी से पानी और हवा से पानी प्रणालियों के बीच लागत कम होती है।

एयर टू एयर हीट पंप विशेष रूप से इमारतों या आवासों में कभी-कभी या केवल वर्ष के कुछ भाग के लिए उपयुक्त हो सकते हैं, जैसे कि होटल और पर्यटकों के लिए आवास।

गर्म पानी के उत्पादन के लिए हीट पंप का भी उपयोग किया जाना चाहिए, या तो हीटिंग/कूलिंग सिस्टम के हिस्से के रूप में या स्वतंत्र उपकरणों के साथ।

हालांकि, ये अध्यन हमें पूरी तस्वीर नहीं देते हैं, क्योंकि राष्ट्रीय बिजली उत्पादन और वितरण प्रणाली की दक्षता और उत्सर्जन पर भी विचार किया जाना है। यदि मुख्य रूप से कोयले से बिजली का उत्पादन किया जाता है, तो उदाहरण के लिए, गैस बॉयलरों के साथ हीटिंग से बिजली से चलने वाले ताप पंपों की तुलना में कम उत्सर्जन होगा। यह शून्य कार्बन गाँवों के मामले में नहीं होगा, क्योंकि उनके द्वारा उपयोग की जाने वाली बिजली केवल नवीकरणीय ऊर्जा स्रोतों से प्राप्त होनी चाहिए। ऊष्मा पम्पों का एक अन्य संभावित दोष वातावरण में प्रशीतक गैस का रिसाव है। चूंकि रेफ्रिजरेंट गैसों का ग्रीनहाउस प्रभाव बहुत अधिक होता है, इसलिए हीट पंप के पूरे जीवनचक्र में उनका प्रबंधन सुनिश्चित किया जाना चाहिए।

हमें खाना पकाने के लिए भी बिजली को स्थानांतरित कर देना चाहिए, लेकिन प्रतिरोध वाले इलेक्ट्रिक स्टोव और कुकर के साथ नहीं, बल्कि अधिक उन्नत और अधिक कुशल सोलर इंडक्शन स्टोवटॉप के साथ, जो गैस कुकर से भी अधिक कुशल अब मिलने लगे हैं।

ऊर्जा दक्षता परिवहन के साधनों पर भी लागू होती है। इलेक्ट्रिक वाहन सबसे कुशल हैं, क्योंकि इलेक्ट्रिक मोटर आंतरिक दहन की तुलना में कहीं अधिक कुशल हैं। इसके अलावा, जबकि एक दहन इंजन जीएचजी गैसों (CO2 और NOx) का उत्सर्जन करता है, इलेक्ट्रिक मोटर कोई भी उत्सर्जन नहीं करती है। हालांकि, गर्मी पंपों के समान विचार इलेक्ट्रिक वाहनों पर भी लागू होता है: मुख्य ग्रिड द्वारा आपूर्ति की गई बिजली का

उत्पादन करने के लिए उपयोग किए जाने वाले ईंधन मिश्रण के संबंध में आंतरिक दहन वाहनों द्वारा उत्पादित जीएचजी उत्सर्जन से कम या अधिक हो सकता है। एक शून्य कार्बन गाँव में, जहाँ इलेक्ट्रिक कारों की बैटरी चार्ज करने के लिए उपयोग की जाने वाली बिजली सहित सभी बिजली का उत्पादन अक्षय ऊर्जा स्रोतों से किया जाता है, केवल इलेक्ट्रिक वाहनों की अनुमति ही दी जानी चाहिए।

एक शून्य कार्बन गाँव में एक कोजेनरेशन प्लांट को ईंधन देने के लिए इस्तेमाल किया जाने वाला ईंधन अक्षय होना चाहिए, यानी बायोमास। बायोमास को आंतरिक दहन इंजन या गैस मिनी टर्बाइन को आपूर्ति की जाने वाली बायोगैस या सिनगैस में परिवर्तित किया जा सकता है।

कम-मध्यम तापमान की आवश्यकता वाली औद्योगिक प्रक्रियाओं के लिए बायोमास ईंधन वाली सीएचपी प्रणालियाँ उपयुक्त हो सकती हैं, जैसे कि कृषि-उद्योग के विशिष्ट तौर पर, और इमारतों के लिए सर्दियों में हीटिंग और गर्मियों में ठंडा करने की आवश्यकता के समय उपयोग मे लाना।

## नेट ज़ीरो गाँव हेतु डिजाइन सुझाव

एक शून्य कार्बन गाँव में कुशल ऊर्जा रूपांतरण प्रौद्योगिकियों का उपयोग एक आवश्यक शर्त है, लेकिन केवल यही नहीं है। दूसरी शर्त अक्षय ऊर्जा का उत्पादन है।

इसी प्रकार, अगला कदम गाँव की सीमाओं के भीतर उपलब्ध नवीकरणीय ऊर्जा स्रोतों की पहचान करना है, चाहे वह प्रशासनिक या भौतिक सीमाएँ हों, जिसमें कि आसपास के गैर-निर्मित क्षेत्र भी शामिल हों।

अक्षय ऊर्जा स्रोतों की क्षमता, उपयोग की गई तकनीकों, जलवायु पर, गाँव के डिजाइन और आसपास की भूमि की विशेषताओं पर भी निर्भर करती है। सौर और पवन ऊर्जा की क्षमता सौर विकिरण और हवा की उपलब्धता पर निर्भर करती है, साथ ही उपयुक्त सतहों की संख्या पर भी निर्भर करती है जिन्हें सौर पैनलों से कवर किया जा सकता है, क्योंकि यह हवा के वेग को प्रभावित करता है। बायोमास क्षमता गाँव के डिजाइन पर निर्भर करती है, क्योंकि इसमें हरे क्षेत्रों में, और गलियों में, और रसोई से पेड़ों की छंटाई से लकड़ी और पत्तियों को भी शामिल किया जा सकता हैं।

कृषि अवशेषों और पशुधन अपशिष्टों का उपयोग नवीकरणीय ऊर्जा स्रोतों के रूप में भी किया जा सकता है।

शून्य कार्बन गाँव के डिजाइन के लिए अक्षय ऊर्जा प्रौद्योगिकियों का उपयोग एक बहुत ही चुनौतीपूर्ण मुद्दा है, क्योंकि यह नए विकास के डिजाइन पर महत्वपूर्ण बाधाएं डाल सकता है। उदाहरण के लिए, पीवी प्रणालियाँ शून्य ऊर्जा भवनों की ऊंचाई को सीमित कर सकती हैं; इसका कारण यह है कि भवन की ऊर्जा की मांग, इसकी आपूर्ति के लिए आवश्यक पीवी प्रणाली के आकार और इसे स्थापित करने के लिए उपलब्ध छत क्षेत्र के बीच का एक संबंध है। यह संबंध गाँव या बस्ती के घनत्व को प्रभावित कर सकता है।

पीवी सिस्टम का उपयोग इलेक्ट्रिक कारों के बेड़े को बिजली की आपूर्ति के लिए किया जा सकता है, और इन कारों को पीवी कैनोपी से सुसज्जित और समर्पित करके बाहरी पार्किंग भूखंडों में पार्क करना उचित होगा; लेकिन इस मामले में कारों की संख्या और उन्हें चार्ज करने

के लिए आवश्यक पीवी क्षेत्र के संबंध में आकार और पार्किंग स्थल की स्थिति को अनुकूलित करना एक चुनौती है।

## स्मार्ट ग्रिड

इन सभी विकल्पों को बिजली की मांग को नियंत्रित करने में सक्षम प्रणाली द्वारा पूर्ण होना चाहिए, उदाहरण के लिए, कुछ मिनटों के लिए हीटिंग या कूलिंग सिस्टम में बिजली को बाधित करके एक प्रकार का वर्चुअल स्टोरेज बनाना चाहिए।

शून्य कार्बन गाँव के लिए डिज़ाइन किए गए एक माइक्रोग्रिड में प्रोग्राम करने योग्य और गैर-प्रोग्राम करने योग्य नवीकरणीय उत्पादन, ऊर्जा भंडारण सुविधाएं और भार नियंत्रण होना चाहिए।

भवन कार्यों की विविधता (मिश्रित भूमि उपयोग) और सामाजिक-आर्थिक विविधता, लागत प्रभावी मिनी और माइक्रो ग्रिड के विकास में महत्वपूर्ण योगदान देती हैं। बढ़ी हुई लागत-प्रभावशीलता इस तथ्य के कारण है कि इस तरह की विविधता दैनिक बिजली लोड पैटर्न को सुचारू बनाने की अनुमति देती है, इस प्रकार भंडारण के आकार को कम करने की आवश्यकता होती है, क्योंकि लोड उत्पादक/सेवाओं से

आवासीय उपयोगों के लिए जाता है, जब लोग घर से घर काम पर जाते हैं। इसमें सामाजिक-आर्थिक विविधता भी मदद करती है।

एकल नवीकरणीय ऊर्जा स्रोत पर निर्भरता एक बुद्धिमान विकल्प नहीं है, और एक विकासशील गाँव या बस्ती की ऊर्जा प्रणाली को यथासंभव कई स्रोतों और प्रौद्योगिकियों पर आधारित कर डिजाइन किया जाना चाहिए, और कुछ अतिरिक्त स्थापित शक्ति के प्रावधान की व्यवस्था भी करनी चाहिए।

## नेट ज़ीरो गाँव हेतु डिजाइन सुझाव

हमें एक शून्य कार्बन गाँव की ऊर्जा जरूरतों के लिए नगरपालिका ग्रिड पर निर्भरता को कम करना चाहिए। गाँव को संचालित करने के लिए आवश्यक ऊर्जा उत्पन्न करने के लिए ऑनसाइट नवीकरणीय संसाधनों का लाभ उठाना चाहिए।

जहाँ संभव हो और स्थानीय पवन क्षमता पर्याप्त रूप से उच्च हो तो हमें सोलर के साथ ही छोटे पैमाने (माइक्रो और मिनी) पवन टर्बाइन लगाना चाहिए; क्योंकि जब सूर्य उपलब्ध नहीं होता है तो ये सौर उत्पादन के पूरक हो सकते हैं और बैक-अप बिजली की जरूरतों को भी पूरा करते हैं।

आस-पास के वन प्रबंधन से आने वाली लकड़ी के साथ गैसीफिकेशन प्रक्रिया के आधार पर बायोमास ईंधन वाले सीएचपी उत्पादन पर विचार करना चाहिए।

साथ ही बायोगैस उत्पादन पर भी विचार करना चाहिए। सीएचपी प्रणाली को ईंधन देने के लिए गैस का उपयोग करके और स्थानीय आत्मनिर्भरता

को प्राप्त करने के लिए जैविक अपशिष्ट उत्पादों का उपयोग करने वाले बायो-डाइजेस्टर का प्रयोग बढ़ाना चाहिए।

ग्रामीण स्तर पर स्मार्ट-ग्रिड सिस्टम स्थापित करने की संभावना पर भी विचार करना चाहिए। स्मार्ट-ग्रिड या माइक्रो ग्रिड एक बढ़िया विकल्प है, जो न केवल एक विश्वसनीय केंद्रीकृत ऊर्जा नेटवर्क की कमी को पूरा करती है, बल्कि यह एक शून्य कार्बन गाँव के लिए अनिवार्यता भी है।

## सिद्धांत 6: जल चक्र

पिछली शताब्दी के दौरान तक पानी आमतौर पर एक रैखिक प्रक्रिया के अधीन रहा है: (i) जलग्रहण, (ii) निपटान के लिए परिवहन, (iii) इसे पीने योग्य बनाने के लिए उपचार, (iv) एक नेटवर्क के माध्यम से प्रत्येक अपार्टमेंट या घरों में केशिका वितरण, ( v) निपटान के सीवरेज नेटवर्क से जुड़े अलग-अलग संग्रह प्रणालियों के माध्यम से अपशिष्ट जल का निपटान, (vi) एक केंद्रीकृत अपशिष्ट जल उपचार संयंत्र के लिए समुद्र, झील या नदी में निस्तारण।

बढ़ती आबादी के साथ, पानी की भी मांग बढ़ रही है और अधिक से अधिक बार पानी की कमी को अनुभव किया जा रहा है, क्योंकि बस्तियों के जल प्रबंधन में रैखिक दृष्टिकोण का उपयोग किया जाता है: जितने अधिक लोग, उतनी ही अधिक मांग।

बदले में, बढ़ती मांग स्रोत की प्राकृतिक सीमाएं, बुनियादी ढांचे की क्षमतायें और जलवायु परिवर्तन के प्रभावों के कारण पानी की कमी होती जा रही है, क्योंकि वर्षा के पैटर्न और नदी के प्रवाह दोनों में परिवर्तन के कारण सामान्य आपूर्ति प्रणालियाँ अविश्वसनीय बन गयी हैं। ये जलाशयों को प्रभावित कर रही हैं।

यह रैखिक प्रणाली शून्य कार्बन गाँव के अनुरूप नहीं है। इसके बजाय सर्कुलर अप्रोच अपनाई जानी चाहिए।

हमें पानी को एक चक्रीय अर्थव्यवस्था के हिस्से के रूप में देखना चाहिए, जहाँ प्रत्येक उपयोग के बाद भी इसका पूर्ण मूल्य बना रहता है और अंततः यह सिस्टम में वापस आ जाता है: एक ऐसी प्रणाली जिसमें पानी बंद लूप में घूमता है और बार-बार उपयोग की अनुमति देता है।

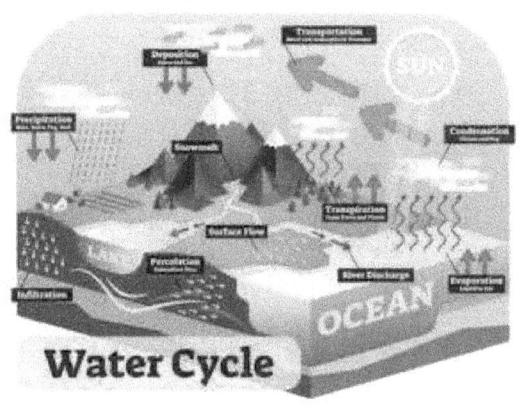

## रेनवॉटर हार्वेस्टिंग

एक सुरक्षित, टिकाऊ और शून्य कार्बन गाँव को, विभिन्न गुणवत्ता स्तरों पर, समुदायों की जरूरतों को पूरा करने के लिए आवश्यक सभी पानी प्रदान करने के लिए मुख्य रूप से वर्षा जल और उपचारित अपशिष्ट जल पर भरोसा करने में सक्षम होना चाहिए।

सतत जल प्रबंधन का मतलब है-

- जल स्रोतों का संरक्षण;

- वर्षा जल संचयन, वर्षा जल प्रबंधन और अपशिष्ट जल के पुन: उपयोग सहित कई जल स्रोतों का उपयोग;
- जरूरत की सीमा तक पानी का उपचार, गाँव के लाभ के लिए अपशिष्ट जल से पैदा होने वाली ऊर्जा का दोहन और कृषि के लाभ के लिए अपशिष्ट जल की पोषक क्षमता का दोहन।

भवन स्तर पर वर्षा जल संचयन एक महत्वपूर्ण जल स्रोत है, और कई मामलों में यह किसी भवन या गाँव की सभी पानी की जरूरतों को पूरा कर सकता है; संचयित वर्षा जल का हिस्सा भूजल पुनर्भरण के लिए कुओं तक पहुँचाया जा सकता है।

अगर किसी इमारत की पानी की पूरी मांग को बारिश के पानी से पूरा करना है, तो इमारत की अधिकतम ऊंचाई की एक सीमा होती है।

शून्य कार्बन गाँव में एक बड़े आम भंडारण टैंक के साथ एक छत वर्षा जल संग्रह प्रणाली की भी व्यवस्था होनी चाहिए, जिसके साथ ही साथ संग्रहीत वर्षा जल को पीने योग्य बनाने के लिए एक फ़िल्टरिंग/कीटाणुशोधन प्रणाली भी होनी चाहिए।

यदि मौजूदा केंद्रीकृत नेटवर्क के माध्यम से पीने योग्य पानी उपलब्ध है, तो वर्षा जल को गैर-पीने योग्य उपयोगों के लिए माना जाना चाहिए, जिससे पीने योग्य पानी के प्रवाह को कम किया जा सके।

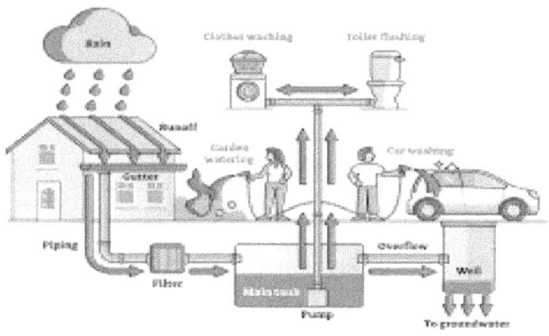

## विकेंद्रीकृत अपशिष्ट जल प्रबंधन

घरों द्वारा उत्पादित अपशिष्ट जल को आमतौर पर काला पानी, ग्रे पानी और तूफानी पानी में विभाजित किया जाता है। काला पानी शौचालय और रसोई के सिंक का अपशिष्ट जल है; धूसर जल में धुलाई/नहाने और कपड़े धोने से निकलने वाला अपशिष्ट जल होता है।

आमतौर पर जब एक सीवेज नेटवर्क मौजूद होता है, तो पानी के तीन स्रोतों को सीवेज में ले जाया जाता है, मिश्रित किया जाता है, और फिर केंद्रीकृत अपशिष्ट जल संयंत्र में भेजा जाता है। लेकिन बेहतर होगा कि वर्षा जल को अलग से एकत्र किया जाए और स्थानीय स्तर पर धूसर पानी का उपचार किया जाए, जिसके लिए इसके निम्न स्तर के संदूषण के कारण एक सरल प्रक्रिया की आवश्यकता होती है, और गैर-पीने योग्य उपयोगों जैसे शौचालय फ्लशिंग, कपड़े धोने की धुलाई, पौधों को पानी देने आदि के लिए स्थानीय रूप से इसका पुन: उपयोग किया जाता है। वर्षा और धूसर जल, दोनों का पुन: उपयोग नई जल आपूर्ति की मांग को कम करने, जल सेवाओं के कार्बन और जल पदचिह्नों, दोनों को कम

करने और सामाजिक और आर्थिक आवश्यकताओं की एक विस्तृत श्रृंखला को पूरा करने की क्षमता रखने वाला होता है। विशेषकर, यह अधिक महंगे उच्च गुणवत्ता वाले पीने योग्य पानी की मांग को कम करने में मदद कर सकता है।

दूसरी ओर, ग्रे पानी के पुन: उपयोग और/या वर्षा जल के सीधे उपयोग के लिए एक अलग समर्पित पाइपिंग की आवश्यकता होती है। लेकिन एक दोहरी पाइपिंग प्रणाली, निश्चित रूप से, एक की तुलना में अधिक महंगी होती है।

काले पानी का उपचार भी मिश्रित या ग्रे पानी के साथ नहीं किया जाना चाहिए, क्योंकि इससे स्वास्थ्य संबंधी खतरे भी हैं। वर्तमान में व्यवस्था उपचार प्रणालियों को केंद्रीकृत करने की है: जब कई छोटे गाँव एक क्षेत्र में बिखरे हुए होते हैं, तो आमतौर पर उनका अपशिष्ट जल एक ही उपचार संयंत्र में पहुँचाया जाता है। जिसके उपचार हेतु संयंत्रों को अधिक मात्रा में ऊर्जा की आवश्यकता होती है।

केंद्रीकृत अपशिष्ट जल उपचार संयंत्रों का एक स्थायी विकल्प एक विकेन्द्रीकृत, गाँव के पैमाने पर, जल उपचार प्रणाली जैसे DEWATS (विकेंद्रीकृत अपशिष्ट जल उपचार प्रणाली), या समान बुनियादी सिद्धांतों पर आधारित अन्य प्रणालियाँ उपयुक्त हैं।

DEWATS एक मॉड्यूलर सिस्टम दृष्टिकोण है जो अपशिष्ट जल उपचार में कुशल प्रदर्शन सुनिश्चित करता है और जल चक्र को साइट पर बंद करने की अनुमति देता है। इसके अलावा, यह एक ऐसा दृष्टिकोण है जिसमें आवश्यक रूप से अत्यधिक कुशल जनशक्ति और रखरखाव की आवश्यकता नहीं है। इस प्रणाली का एक अप्रत्यक्ष लाभ यह भी है कि

यह कम कुशल श्रमिकों के लिए रोजगार के अवसर पैदा करता है, जो मिश्रित आय की आवश्यकता के अनुरूप है।

गाँव के स्तर पर एक स्थायी जल चक्र में निम्नलिखित जल प्रवाहों पर विचार और संयोजन करना होगा:

4) केंद्रीकृत नेटवर्क से पीने योग्य जल प्रवाह, यदि कोई हो;

5) आम गाँव के कुओं से पीने योग्य पानी का प्रवाह;

6) छत के वर्षा जल का भंडारण के लिए प्रवाह;

7) वर्षा जल प्रवाह, भंडारण से घरेलू उपयोगों तक, यानी डब्ल्यूसी फ्लशिंग, वाशिंग मशीन, सिंचाई इत्यादि;

8) भंडारण, फ़िल्टर या वर्षा का जल प्रवाह जिसे घरेलू उपयोग के लिए पीने योग्य बनाने के लिए कीटाणुरहित किया जाता है, जैसे कि रसोई और बाथरूम के नल से आने वाला पानी;

9) भूजल जलभृतों के पुनर्भरण के लिए छत के वर्षा जल प्रवाह को मोड़ दिया जाना चाहिए;

10) अभेद्य सतहों से भंडारण या भूजल जलभृतों को रिचार्ज करने के लिए एकत्रित तूफानी जल प्रवाह;

11) घरों से उपचार प्रणाली में अपशिष्ट जल का प्रवाह (दो अलग-अलग प्रवाह हो सकते हैं, यदि काला पानी और ग्रे पानी मिश्रित नहीं हैं);

12) उपचारित अपशिष्ट जल का हरित क्षेत्रों में प्रवाह (पार्कों, सड़कों की हरियाली, गाँव के आसपास कृषि आदि);

13) कुओं या रिचार्ज बेसिनों को रिचार्ज करने के लिए उपचारित अपशिष्ट जल प्रवाह;

14) उपचारित अपशिष्ट जल का जल निकायों में प्रवाह (प्रवाह 9 और 10 का विकल्प)।

प्रवाह 2, 3, 4 और 5 का उपयोग पारंपरिक पीने योग्य जल नेटवर्क के आंशिक या पूर्ण विकल्प के रूप में किया जा सकता है। भंडारण के लिए और गैर-पीने योग्य पानी (दोहरी जल प्रणाली) के लिए पाइपिंग के कारण अतिरिक्त लागत, साथ ही फ़िल्टरिंग/कीटाणुशोधन उपकरणों की अतिरिक्त लागत को कनेक्शन न होने से प्राप्त होने वाली बचत से प्रतिसंतुलित किया जा सकता है।

## नेट ज़ीरो गाँव हेतु डिजाइन सुझाव

गाँव की पानी की जरूरतों के लिए केंद्रीकृत नेटवर्क पर निर्भरता को कम करें। छतों पर बारिश का पानी इकट्ठा करें और इसे गैर-पीने योग्य उपयोगों जैसे फ्लशिंग शौचालयों और ऑनसाइट सिंचाई के लिए संग्रहित करें; जब भी संभव हो तूफान नालियों के बजाय स्वेल्स और सतही प्रणालियों का प्रयोग करें।

वर्षा जल संचयन और इसे पीने योग्य बनाने के लिए स्थानीय ग्रामीण पैमाने के उपचार द्वारा पेश किए गए सामुदायिक आत्मनिर्भरता के अवसर पर विचार करें।

सार्वजनिक खुली जगह का स्थान और डिज़ाइन, जहाँ यह जल प्रबंधन उपायों को शामिल करता है, को बिना किसी समझौता किए जलप्रपात, अवसाद, समोच्च बैंकों, रॉक चैनल, कंकड़ पथ, रीड बेड या अन्य उपयुक्त उपायों के उपयोग के माध्यम से रन-ऑफ की रोकथाम को बढ़ावा देने के लिए करना चाहिए।

सभी सड़कों में अपवाह शमन प्रणालियाँ शामिल होनी चाहिए, जैसे कि स्वेल्स या अन्य विकृत सतहें, जो वर्षा जल को अवशोषित और संग्रहीत करने में सक्षम हैं। इसलिए, टिकाऊ शहरी जल निकासी प्रणालियों की मेजबानी के लिए पर्याप्त अतिरिक्त स्थान प्रदान करें।

जितना संभव हो उतना बड़ा विकृत क्षेत्र बनाने की कोशिश करें, क्योंकि वे अपवाह को कम करते हैं, और इस प्रकार बाढ़ के खतरे को भी कम करता है।

अपशिष्ट जल से नवीकरणीय ऊर्जा प्रणाली में बायोगैस उत्पादन के संभावित योगदान के महत्व पर विचार करें, राशि के लिए ज्यादा नहीं बल्कि मुख्य रूप से इसकी क्षमता के लिए मांग पर बिजली का उत्पादन करें, जिससे कि माइक्रो ग्रिड की स्वयं की खपत हिस्सेदारी में सुधार हो।

विकेन्द्रीकृत अपशिष्ट जल उपचार को एक स्थायी विकल्प के रूप में विचार करें, जिससे सामुदायिक लचीलापन बढ़ सके और रोजगार के अवसर मिल सकें, क्योंकि अपशिष्ट जल एक संसाधन है, ऊर्जा, मिट्टी के पोषक तत्वों, सिंचाई और पानी की मेज की पुनःपूर्ति के माध्यम से और इस संसाधन का स्थानीय स्तर पर सबसे अच्छा दोहन किया जाता है।

पोषक तत्वों के चक्र को बंद करने की आवश्यकता पर विचार करें, अर्थात अपशिष्ट जल में निहित पदार्थों को हमेशा भोजन प्रदान करने के लिए उपयोग की जाने वाली मिट्टी में लौटा दिया जाना चाहिए।

गाँव में कम से कम 50% अपशिष्ट जल का उपचार और पुन: उपयोग करें।

स्वास्थ्य के लिए खतरे का मूल्यांकन करें जो अधूरे उपचारित अपशिष्ट जल के कारण जल तालिका के संभावित संदूषण से उत्पन्न हो सकता है।

जल भूविज्ञान और जल जनित रोग विशेषज्ञों को इस प्रक्रिया में शामिल करें।

## सिद्धांत 7: ठोस अपशिष्ट

आधुनिक समाज अधिक से अधिक कचरे की समस्या से पीड़ित है। अपशिष्ट प्रबंधन आर्थिक और पर्यावरण दोनों में एक बड़ी लागत का गठन करता है।

कचरे को उनकी प्रकृति के अनुसार दो मुख्य धाराओं में विभाजित किया जा सकता है: अकार्बनिक और जैविक कचरा।

## अकार्बनिक अपशिष्ट प्रबंधन

प्रति व्यक्ति, अकार्बनिक ठोस अपशिष्ट, चार कारकों के परिणामस्वरूप बढ़ रहा है: ए) बेहतर आर्थिक स्थिति, बी) बाजार में उपलब्ध वस्तुओं में तेजी से वृद्धि जो ज्यादातर फैशनेबल हैं और थोड़े समय के बाद अनुपयोगी हैं और इस प्रकार त्याग दी जाती हैं, सी) एकल उपयोग के सामान और डी) पैकेजिंग।

एक शून्य कार्बन गाँव में, उसके टिकाऊ होने और यह दिखाने में सक्षम होने के लिए कि जीवन की गुणवत्ता में सुधार की प्रक्रिया में मानव और प्रकृति के बीच एक सामंजस्यपूर्ण सह-अस्तित्व कैसे प्राप्त किया जा सकता है, अकार्बनिक कचरे को कम करने के उद्देश्य से कई कार्यों को लागू करना चाहिए।

उदाहरण के लिए, थोक में उत्पादों की बिक्री को प्रोत्साहित करके पैकेजिंग को कम किया जा सकता है; बोतल और जमा वापसी योजना को लागू करके पुन: उपयोग को प्रोत्साहित किया जा सकता है; उपकरणों और कपड़ों की मरम्मत को कई तरीकों से प्रोत्साहित किया जा सकता है, साथ ही नए रोजगार भी सृजित किए जा सकते हैं; एकल उपयोग की वस्तुओं पर प्रतिबंध लगाया जा सकता है और इस तरह गाँव में अकार्बनिक ठोस कचरे की मात्रा में काफी कमी आएगी । बचे हुए कचरे को मूल रूप से (यानी नागरिकों द्वारा उनके संग्रह से पहले) मुख्य प्रकारों में अलग किया जाए जैसे कांच, धातु, कागज, प्लास्टिक और अन्य। वैकल्पिक रूप से, छँटाई बाद में एक विशेष सुविधा में की जा सकती है, इस प्रकार नागरिकों की प्रतिबद्धता और प्रयास को कम किया जा सकता है, क्योंकि उन्हें केवल जैविक और अकार्बनिक कचरे को अलग करने की आवश्यकता होगी।

## जैविक कचरा प्रबंधन

जैविक कचरे को कम करने के लिए, पहली प्राथमिकता भोजन की बर्बादी को कम करने की होनी चाहिए इसके लिए दो संयुक्त क्रियाओं की आवश्यकता होती है:

क) खरीदे गए अतिरिक्त भोजन में कमी, जिसका तात्पर्य व्यवहार परिवर्तन से है।

ख) उन दुकानों की संख्या और निकटता में वृद्धि करें जहाँ भोजन हर दिन खरीदा जा सकता है, बजाय हर हफ्ते सुपरमार्केट जाने के लिए, जो उपयुक्त ग्रामीण डिजाइन और शासन का तात्पर्य है।

जैविक कचरे को कम करने के उपाय किए जाने के बाद, इसे व्यापक पोषक चक्र में फिर से शामिल किया जाना चाहिए और इसकी ऊर्जा क्षमता का दोहन किया जाना चाहिए।

## ग्रामीण स्तर पर घरेलू और सेवा अपशिष्ट प्रबंधन

संक्षेप में, अपशिष्ट प्रबंधन में सर्वोत्तम अभ्यास में चक्रीय अर्थव्यवस्था के सिद्धांतों का कार्यान्वयन शामिल है, अर्थात: जैविक अपशिष्ट को ऊर्जा (बायोगैस, अवायवीय पाचन के माध्यम से) और उर्वरक (या केवल उर्वरक, खाद के माध्यम से) में परिवर्तित किया जाता है। पुन: प्रयोज्य और पुन: प्रयोज्य सामग्रियों को छांटकर, पूर्व-संसाधित कर उत्पादन चक्र में वापस भेज दिया जाए।

यह दृष्टिकोण, जो पहले से ही सबसे उन्नत और पर्यावरण की दृष्टि से संवेदनशील बस्तियों में प्रचलित है, दो कारणों से गाँव के पैमाने पर सर्वोत्तम रूप से लागू किया जाना चाहिए- पहला यह है कि अकार्बनिक कचरे को स्थानीय स्तर पर छांटना और पूर्व-प्रसंस्कृत करना, और जैविक हिस्से को स्थानीय रूप से संसाधित करना कचरे द्वारा तय की गई दूरी को कम करता है, इस प्रकार अपशिष्ट प्रबंधन प्रणाली के उत्सर्जन को कम करता है; इसके अलावा, जैविक उर्वरक द्वारा उत्पादन स्थल से खेतों तक

की दूरी को भी कम किया जाता है, जिससे आगे के पर्यावरणीय लाभ (आर्थिक एक के अलावा) होते हैं।

स्रोत पर पृथक्करण पुनरावर्तनीय पदार्थ प्रदान करता है जिसमें कम से कम संदूषण होता है, लेकिन इसके लिए नागरिकों के सहयोग की आवश्यकता होती है। यह सहयोग और अधिक आसानी से प्राप्त किया जा सकता है यदि एक अच्छी तरह से प्रबंधित अलगाव के लाभ गाँव के निवासियों को स्पष्ट रूप से दिखाए जाए।

गाँव के स्तर पर एक आदर्श अपशिष्ट प्रबंधन प्रणाली ऐसी होनी चाहिए जहाँ नागरिकों से केवल जैविक और अकार्बनिक अंशों को अलग करने का अनुरोध किया जाता हो, ठोस, गैर जैविक कचरे को छाँट कर एक सुविधा में लाया जाता हो, जहाँ पुनर्चक्रण योग्य सामग्रियों को आगे क्रमबद्ध किया जाता हो, और यदि आवश्यक हो तो साफ किया जाता हो, और वहाँ से डीलरों को सौंप दिया जाता हो जो उन्हें खरीद लें। गैर-पुनर्नवीनीकरण योग्य सामग्री को सुविधा से लैंडफिल या भस्मक में भेजा जा सकता है।

इस दृष्टिकोण के आर्थिक और पारिस्थितिक दोनों तरह के फायदे कई हैं। प्लास्टिक की वस्तुएं जैसे बोतलें, या सामान्य कंटेनरों में, एक बार उनके रासायनिक घटकों के संबंध में क्रमबद्ध होने पर, बहुत ही सरल और सस्ती मशीनों से संपीड़ित किया जा सकता है। इस तरह प्लास्टिक कचरा नागरिक के लिए लागत होने के बजाय आर्थिक मूल्य प्राप्त कर लेता है। धातुओं के लिए भी फायदे हैं: तांबे के तारों, उदाहरण के लिए, एक बार सुरक्षात्मक सामग्री से अलग होने पर, अच्छी कीमत पर बेचा जा सकता है।

छोटे पैमाने पर उद्यमशीलता की पहल की जा सकती है और रोजगार के अवसरों में वृद्धि की जा सकती है।

जैविक कचरा एक अलग पैटर्न का पालन करता है, क्योंकि यह खाद्य अपशिष्ट है जिसमें पोषक तत्व होते हैं जो मिट्टी से आते हैं और जिन्हें पोषक चक्र को बंद करने के लिए मिट्टी में वापस आना चाहिए। उपयुक्त उपचार के बाद खाद्य अपशिष्ट को मिट्टी में लौटाने से उत्सर्जन में कमी के मामले में दोहरा लाभ होता है। एक लाभ इस तथ्य से प्राप्त होता है कि खाद्य अपशिष्ट का उपयोग अवायवीय डाइजेस्टर को खिलाने के लिए किया जा सकता है, इस प्रकार बायोगैस और एक घोल का उत्पादन किया जा सकता है जिसे सीधे या उपयुक्त प्रसंस्करण के बाद उर्वरक के रूप में इस्तेमाल किया जा सकता है (दूसरा विकल्प स्वास्थ्य की दृष्टि से सुरक्षित है)। घोल के साथ समस्या यह है कि खाद्य अपशिष्ट में न केवल प्राकृतिक पोषक तत्व हो सकते हैं, बल्कि कृषि उत्पादन से उत्पन्न होने वाले दूषित पदार्थ भी हो सकते हैं।

यदि खाद्य अपशिष्ट औद्योगिक कृषि से आता है, और कीटनाशकों, शाकनाशियों और अन्य रासायनिक घटकों का बड़ी मात्रा में उपयोग किया गया है, तो उनके निशान खाद्य अपशिष्ट में पाए जाएंगे और निकलने वाले घोल में दूषित पदार्थ होंगे जो मिट्टी तक पहुंचेंगे। अन्य संदूषक मांस के कचरे से प्राप्त हो सकते हैं, जब यह गहन प्रजनन से जानवरों का मांस होता है, जिसमें एंटीबायोटिक्स, हार्मोन या अन्य जैविक घटक होते हैं। यह कई देशों को प्रभावित करने वाली समस्या है, जहाँ कुछ मामलों में, इस कारण से खाद के रूप में घोल के उपयोग की अनुमति नहीं है। एक शून्य कार्बन ग्रामीण गाँव में, हालांकि, यह समस्या

उत्पन्न नहीं होनी चाहिए, क्योंकि इसके खेतों को जैविक खेती अपनानी चाहिए।

## अन्य जैविक अपशिष्ट प्रबंधन

अन्य जैविक अपशिष्ट, जैसे भूनिर्माण अपशिष्ट (पार्क, लॉन, सड़क के पेड़ अवशेष) और यदि उपलब्ध हो, तो गांव के आसपास के कृषि अवशेष या पशुधन खाद भी बायोगैस डाइजेस्टर को खिला सकते हैं; वैकल्पिक रूप से, सभी वनस्पति अपशिष्ट को कंपोस्टिंग इकाई में भेजा जा सकता है। जैसा कि घरेलू जैविक कचरे के संबंध में पहले उल्लेख किया गया है, यदि कृषि अवशेष रसायनों (कीटनाशकों, शाकनाशियों, कृत्रिम उर्वरकों) और/या पशुधन खाद से दूषित होते हैं तो समस्या उत्पन्न हो सकती है।

प्रजनन प्रक्रिया से निकलने वाले एंटीबायोटिक्स, हार्मोन या रासायनिक संदूषक: दोनों ही मामलों में अवायवीय किण्वन बिगड़ा हो सकता है और/या घोल उर्वरक के रूप में अनुपयोगी हो सकता है।

गाँव के जैविक अपशिष्ट चक्र को बंद करने के लिए, पेड़ की छंटाई से शाखाएँ एक गाँव के गैसीफायर को खिला सकती हैं, साथ ही बायोचार का उत्पादन भी किया जा सकता है जिसे मिट्टी सुधारक के रूप में इस्तेमाल किया जा सकता है।

अंत में, खतरनाक कचरे के अंश के लिए एक अलग मार्ग प्रदान किया जाना चाहिए जो कि औद्योगिक प्रक्रियाओं से प्राप्त हो सकता है, यदि कोई हो, या कृषि में उपयोग किए जाने वाले रसायनों से संबंधित हो। इस तरह के कचरे के लिए कानून द्वारा विनियमित सामान्य प्रक्रियाओं का पालन करना होगा।

## नेट ज़ीरो गाँव हेतु डिजाइन सुझाव

पुनर्चक्रण या पुन: उपयोग की सुविधा को योजना में शामिल करने पर विचार करें, जो पुनर्चक्रण के लिए सामग्री के संग्रह, पृथक्करण, पूर्व उपचार और भंडारण के लिए समर्पित हो।

जैव-पाचन के माध्यम से ऊर्जा और उर्वरकों का उत्पादन करने के लिए या केवल खाद के माध्यम से उर्वरकों का उत्पादन करने के लिए ठोस अपशिष्ट के कार्बनिक भाग और वनस्पति अवशेषों (जैसे पेड़ों की पत्तियों) दोनों का स्थानीय रूप से पुन: उपयोग करने की संभावना पर विचार करें; इसका तात्पर्य आवश्यक स्थान प्रदान करना है।

## सिद्धांत 8: ऊर्जा, पानी, भोजन और अपशिष्ट चक्र

केंद्रीकृत अपशिष्ट जल उपचार अभ्यास की शुरुआत में, सिस्टम को तेजी से बढ़ते शहरों से निकलने वाले सीवेज में पोषक तत्वों को पकड़ने में मदद करने के साधन के रूप में भी माना गया था, लेकिन सदी के अंत तक सस्ती सिंथेटिक उर्वरकों की व्यापक उपलब्धता थी, तो सीवेज खेती के लिए आर्थिक प्रोत्साहन को हटा दिया। पोषक तत्वों के लिए बाजार के बिना, सीवेज को सीधे सतह के पानी में छोड़ने के अलावा कुछ भी करने का औचित्य साबित करना मुश्किल था।

इस प्रकार, बस्ती और उसके आसपास के ग्रामीण क्षेत्रों के बीच पोषक तत्वों के पारस्परिक आदान-प्रदान का लंबे समय से स्थापित संबंध दो प्रभावों के साथ टूट गया। अपशिष्ट जल में निहित पोषक तत्वों की बर्बादी, अक्सर पर्यावरणीय क्षति पैदा करना, और साथ ही कृत्रिम रूप से पोषक तत्वों का उत्पादन, पर्यावरणीय क्षति के साथ भी।

## पोषक चक्र

पुराने सिद्धांत को पुनर्प्राप्त करने के लिए अधिक आधुनिक और प्रभावी तकनीकों और तकनीकों के साथ एक स्थायी सेटेलमेंट की आवश्यकता है। छोटी बस्तियों के लिए यह आसान हो सकता है यदि वे मुख्य रूप से आसपास के ग्रामीण क्षेत्रों में उत्पादित भोजन से पोषित हों। व्यापक खाद्य श्रृंखलाओं के लिए यह अधिक कठिन है, जहाँ अत्यधिक विशिष्ट कृषि-उद्योगों द्वारा भोजन का उत्पादन किया जाता है और व्यापक और दूर के बाजारों में वितरित किया जाता है: इस मॉडल में, पोषक चक्र को बंद करना कहीं अधिक चुनौतीपूर्ण कार्य है।

## द वॉटर-एनर्जी-फूड नेक्सस: लीनियर बनाम सर्कुलर मेटाबॉलिज्म

पानी, ऊर्जा और भोजन एक दूसरे से संबंधित हैं। पानी का उपयोग बिजली के उत्पादन में किया जाता है (थर्मोडायनामिक बिजली संयंत्रों में ठंडा करने के लिए और हाइड्रो-इलेक्ट्रिक संयंत्रों में ऊर्जा वेक्टर के रूप में), और ऊर्जा का उपयोग पानी को पंप करने, उपचार करने और वितरित करने के लिए किया जाता है। पानी को भोजन का उत्पादन करने के लिए सिंचाई के लिए ऊर्जा की आवश्यकता होती है, जिसके बदले में उर्वरक बनाने, कटाई, जुताई, प्रसंस्करण, भंडारण और परिवहन के लिए भी ऊर्जा की आवश्यकता होती है। खाद्य अपशिष्ट, बदले में, अवायवीय पाचन के माध्यम से ऊर्जा का उत्पादन कर सकता है।

जल-खाद्य-ऊर्जा गठजोड़ सतत विकास के लिए प्रमुख है। बढ़ती वैश्विक आबादी, तेजी से शहरीकरण, बदलते आहार और आर्थिक विकास के कारण तीनों की मांग बढ़ रही है। कृषि दुनिया के मीठे पानी, नाइट्रोजन

और फॉस्फोरस प्रवाह का सबसे बड़ा उपभोक्ता है और विश्व स्तर पर उपयोग की जाने वाली ऊर्जा का एक-चौथाई से अधिक खाद्य उत्पादन और आपूर्ति पर खर्च किया जाता है। इन वैश्विक चुनौतियों का सबसे पहले स्थानीय स्तर पर सामना करने की आवश्यकता है, और शून्य कार्बन गाँव ऐसा करने के स्थान हैं, जो ऊर्जा-जल-भोजन के अंतर्संबंधों का लाभ उठाने के स्थान, वर्तमान रैखिक चयापचय से एक वर्तुल की ओर बढ़ रहे हैं।

एक आदर्श शून्य कार्बन गाँव कचरे के विचार को खारिज करता है, चाहे वह ऊर्जा, पानी, भोजन या सामग्री हो; इसके बजाय, इसे कचरे को कम करने और इसे लाभकारी उपयोगों में बदलने का प्रयास करना चाहिए। ऐसा करने में, इसे दूर से पानी और ऊर्जा के आदानों को कम करने और सामग्रियों के प्रवाह को कम करने की कोशिश करनी चाहिए। यह अवधारणा ऊर्जा और भोजन के उत्पादन को विकेंद्रीकृत करने के प्रयासों की ओर पारंपरिक, केंद्रीकृत, रैखिक, बस्तियों के चयापचय में, कनेक्शन एक तरफा होते हैं: घरों में पानी उपलब्ध कराने के लिए उच्च मानक, उच्च जल इनपुट, और जल शोधन और पंपिंग के लिए ऊर्जा की खपत अधिक होती है; स्वच्छता का उच्च स्तर, अपशिष्ट जल उपचार के लिए ऊर्जा की खपत जितनी अधिक होगी; ठोस अपशिष्ट संग्रह और निपटान प्रणाली जितनी बेहतर होगी, परिवहन के लिए ऊर्जा की खपत उतनी ही अधिक होगी; धन जितना अधिक होगा, भोजन का निवेश और अपशिष्ट उतना ही अधिक होगा।

चक्रीय उपापचय में, दूसरी ओर, ऊर्जा, जल, अपशिष्ट और भोजन अन्य तरीकों से जुड़े होते हैं:

- वनस्पति क्षेत्रों के लिए उपचारित अपशिष्ट जल का उपयोग उन्हें फलने-फूलने देता है, जो बाहरी और इनडोर आराम दोनों के लिए भी फायदेमंद है, जिससे एयर कंडीशनिंग की आवश्यकता कम हो जाती है।

- प्राकृतिक उर्वरकों और पानी की उपलब्धता का मतलब पोषक तत्वों के उस हिस्से से है जिसकी आवश्यकता है।

- गांव के चयापचय द्वारा, और स्थानीय रूप से उत्पादित भोजन का उपयोग भी दूर के स्थानों से आपूर्ति करने के लिए खपत ऊर्जा को कम करता है।

- जैविक अपशिष्ट और अपशिष्ट जल बायोगैस का उत्पादन कर सकते हैं, जो अन्य उपयोगों के साथ-साथ एक सह-उत्पादन प्रणाली में इस्तेमाल किया जा सकता है, जिसकी अपशिष्ट गर्मी निर्वात आसवन के माध्यम से उपचारित अपशिष्ट जल से पीने योग्य पानी बना सकती है, या कृषि-औद्योगिक प्रक्रियाओं को खिला सकती है।

- गाँव के आसपास के कृषि उत्पादन से जैविक अपशिष्ट और हरित स्थानों के रखरखाव से अवशिष्ट, डाइजेस्टर और/या गैसीफायर के माध्यम से ऊर्जा प्रदान कर सकते हैं।

- गाँव की स्मार्ट ग्रिड के लिए अतिरिक्त भंडारण क्षमता प्रदान करने के लिए बायोगैस और सिनगैस का उपयोग किया जा सकता है।

- जल तालिका को फिर से भरने के लिए वर्षा जल और उपचारित अपशिष्ट जल का उपयोग उन्हें नीचे गिरने से रोकता है और कम पम्पिंग शक्ति की आवश्यकता होती है।

- मिश्रित भूमि उपयोग से प्राप्त होने वाले निजी परिवहन की आवश्यकता में कमी ऊर्जा की खपत को कम करती है और - यातायात में कमी के कारण - आवश्यक सड़क की चौड़ाई, अभेद्य क्षेत्रों में परिणामी कमी के साथ, विकृत सतहों के पक्ष में जो तूफान के पानी को रिसने देती है और पानी की मेज को फिर से भर देती है।

एक शून्य कार्बन गाँव में, पारंपरिक रैखिक प्रक्रियाओं को परिपत्र द्वारा प्रतिस्थापित किया जाता है; प्रत्येक व्यक्तिगत भवन एक ऐसी प्रणाली में एकीकृत है जहाँ नवीकरणीय ऊर्जा, वर्षा जल, अपशिष्ट जल, जैविक जैविक पदार्थ, जहाँ तक संभव हो, आसपास के ग्रामीण क्षेत्र के निकट संबंध में बंद हैं।

एक शून्य कार्बन गाँव अपने उच्च लचीलेपन के कारण पारंपरिक की तुलना में जलवायु परिवर्तन के खतरों से बेहतर ढंग से निपटने में सक्षम है। यह बेहतर लचीलापन मुख्य रूप से ऊर्जा आपूर्ति (सूर्य, बायोमास, पानी और हवा, उनकी उपलब्धता के अनुसार) और पानी की आपूर्ति (वर्षा जल, अपशिष्ट जल, अच्छी तरह से पानी के साथ-साथ केंद्रीकृत वितरण प्रणाली से पानी, यदि उपलब्ध हो) दोनों की विविधता से प्राप्त होता है।

इसके अलावा, एक शून्य कार्बन गाँव न केवल अधिक लचीला है, बल्कि अधिक सुरक्षित भी है, क्योंकि राजनीतिक या आर्थिक संकटों का ऊर्जा, पानी और भोजन की उपलब्धता पर कम प्रभाव पड़ेगा।

मांग प्रबंधन और ऊर्जा और पानी की कुशल आपूर्ति का संयोजन, विकेंद्रीकृत प्रणालियों पर आधारित और नगर निगम के कचरे और भोजन दोनों पर लागू एक बंद चक्र दृष्टिकोण शून्य कार्बन के अपने लक्ष्य

की ओर बस्तियों को चलाने का एकमात्र तरीका है, लेकिन यह एकमात्र लक्ष्य नहीं है वास्तव में, "शून्य कार्बन" भविष्य की चुनौतियों का सामना करने के लिए आवश्यक शर्त है, लेकिन यह अपने आप में पर्याप्त नहीं है, क्योंकि इन चुनौतियों में अन्य प्राकृतिक सामग्री और जैविक चक्रों से मुकाबला करने की आवश्यकता है जिसे मानव जाति ने तोड़ा है, अर्थात हमारे विकास को ग्रहों की सीमाओं के भीतर रखने की आवश्यकता है। यह विशेष रूप से महत्वपूर्ण है कि जैव विविधता के खतरे को कम किया जाना चाहिए क्योंकि लुप्तप्राय प्रजातियों पर मुख्य दबाव प्राकृतिक परिदृश्य के कृषि क्षेत्रों में परिवर्तन से प्राकृतिक आवासों के विनाश से आता है।

## नेट ज़ीरो गाँव हेतु डिजाइन सुझाव

हमें विचार करना चाहिए कि घरों और आसपास के ग्रामीण क्षेत्रों से जैविक कचरे का उपयोग अकेले या स्थानीय सीवरेज नेटवर्क से जैविक कचरे के संयोजन में बायोगैस और उर्वरक उत्पादन के लिए किया जा सकता है। जैव-पाचन स्थानीय स्तर पर सुविधाजनक है क्योंकि यह चक्रों के समापन का अनुकूलन करता है और अपशिष्ट उत्पादन को कम करता है।

जल, ऊर्जा और अपशिष्ट प्रणालियों को डिजाइन करते समय हमेशा चक्रीय अर्थव्यवस्था के सिद्धांतों पर विचार करना चाहिए क्योंकि ये प्रणालियां एक स्थायी गाँव की रीढ़ हैं।

डिजाइन प्रक्रिया की शुरुआत से हमें, ऊर्जा, पानी और अपशिष्ट ऊर्जा में विशेषज्ञों को शामिल करने पर विचार करना चाहिए, जीवविज्ञानी,

पारिस्थितिकीविदों और चिकित्सा डॉक्टरों के साथ मिलकर उनके बीच बातचीत को स्थापित करना चाहिए।

## सिद्धांत 9: रोजगार के अवसर और अवकाश

शून्य कार्बन गाँव को स्थायी नौकरियों और जीवन की बेहतर गुणवत्ता के संदर्भ में पारिस्थितिक संक्रमण का लाभ उठाने के लिए एक एकीकृत सामाजिक-आर्थिक मॉडल लागू करना चाहिए। रोजगार के अवसरों की कमी के कारण ग्रामीण समुदाय उत्तरोत्तर वृद्ध होते जा रहे हैं, जो युवा पीढ़ी को शहरी क्षेत्रों की ओर जाने के लिए मजबूर कर रहा है। ग्रामीण बस्ती के लचीलेपन के लिए नौकरियों की उपलब्धता एक आवश्यक शर्त है, लेकिन यह पर्याप्त नहीं है, क्योंकि व्यक्तिगत संतुष्टि और करियर दोनों के दृष्टिकोण से नौकरियाँ भी आकर्षक और आशाजनक होनी चाहिए।

शून्य कार्बन गाँव को रहने के लिए एक अच्छी जगह बनाने में सफल होने के लिए, रोजगार के अवसर और वांछनीय जीवन शैली दोनों के सक्षम करने वाले कारकों पर व्यवस्थित ध्यान देना चाहिए। कृषि और पर्यटन दोनों में शून्य कार्बन समाधान और सर्कुलर इकोनॉमी मॉडल के कार्यान्वयन के साथ सामाजिक नवाचार को जोड़ा जाना चाहिए।

युवा कुशल लोगों को वापस लाने के लिए, जिन्हें नौकरी खोजने के लिए शहर में जाने के लिए मजबूर किया गया था, और भविष्य में और अधिक युवाओं को छोड़ने से रोकने के लिए नवीन और उन्नत गतिविधियों में पद उपलब्ध कराए जाने चाहिए।

इन नवोन्मेषी गतिविधियों को नई तकनीकों और तकनीकों के उपयोग से समृद्ध, आधुनिक, टिकाऊ कृषि की ओर संक्रमण से जोड़ा जाना चाहिए।

खेती को एक उच्च सम्मानित पेशे के रूप में बढ़ावा दिया जाना चाहिए, जो परंपरा और नवीनता को एक साथ लाता है। पर्यावरण संतुलन के संरक्षण में पारिस्थितिक रूप से दिमाग रखने वाले किसानों की महत्वपूर्ण भूमिका को सामाजिक रूप से मान्यता दी जानी चाहिए।

डिजिटल प्रौद्योगिकियों की वजह से, शून्य कार्बन गाँव में "छोटी" कंपनियों की स्थापना की जा सकती है, जो न्यूनतम पर्यावरणीय पदचिह्न के साथ योग्य नौकरियों की पेशकश करते हैं। जैसे की निम्न वर्णित क्षेत्र हैं:

- विकेन्द्रीकृत अनुसंधान एवं विकास, डिजाइन और उत्पाद विकास कार्यालय
- सॉफ्टवेयर डेवलपमेंट
- कॉल सेंटरों
- ऑनलाइन पेशेवर सेवाएं
- डिजिटल मीडिया प्रोडक्शन (वेब सीरीज, कार्टून, वीडियोगेम)
- ऑनलाइन शैक्षिक सेवाएं।

ऐसी सेवा कंपनियों के स्थानीयकरण को आकर्षक नीतियों और स्टार्ट-अप को समर्थन के माध्यम से प्रोत्साहित किया जाना चाहिए, जोकि वर्तमान में भारत सरकार कर रही है।

निर्मित क्षेत्र और उसके आस-पास की सुखदता और पेश की जाने वाली सेवाओं और अवकाश के अवसरों से एक बस्ती को और अधिक आकर्षक बना दिया जाता है। अंत में, एक समझौता दूसरों की तुलना में अधिक आकर्षक हो सकता है।

क्योंकि यह अपने निवासियों को एक सुंदर, स्वस्थ संदर्भ में रहने के लाभ और एक स्थायी भविष्य की प्रत्याशा का अनुभव करने का गौरव प्रदान करता है। ये विशेषताएँ पर्यटन और अमीर सेवानिवृत्त लोगों को भी आकर्षित करेंगी जो भीड़भाड़ वाले शहर क्षेत्रों से शून्य कार्बन गाँव में जाना पसंद करेंगे। इसके अलावा, डिजिटल खानाबदोश, जो विशिष्ट बाधाओं के बिना अपना कार्यस्थल स्थापित कर सकते हैं, को रहने के लिए बेहतर जगह पर जाने के विकल्प के रूप में शून्य कार्बन गाँव पर विचार करने के लिए राजी किया जा सकता है।

पिछले सिद्धांतों में सुझाए गए सभी स्थिरता उपायों और उपरोक्त विचारों को मिलाकर एक शून्य कार्बन ग्रामीण गाँव को संक्षेप में वर्णित किया जा सकता है।

## सामाजिक-आर्थिक नीतियों के लिए सुझाव

स्थानीय सामाजिक-आर्थिक नीतियों में निम्नलिखित अनुशंसाओं पर विचार किया जाना चाहिए:

- प्राकृतिक परिदृश्य और प्राकृतिक जैव विविधता के प्रासंगिक संरक्षण के साथ उच्च गुणवत्ता वाले कृषि उत्पादन के संयोजन को बढ़ावा देना।

- स्वस्थ आहार में स्थानीय, उच्च गुणवत्ता वाले भोजन के गुणों को बढ़ावा देते हुए स्वास्थ्य-खाद्य संबंध को बढ़ाना। इस दृष्टिकोण में प्राथमिक खाद्य ब्रांड भी शामिल होने चाहिए जिन्हें अपनी आपूर्ति श्रृंखला में ऐसे पता लगाने योग्य अवयवों को शामिल करने के लिए प्रोत्साहित किया जाना चाहिए।

- परिपत्र अर्थव्यवस्था सिद्धांतों को बढ़ावा देना और लागू करना; सिद्धांत 8 में बताए गए पोषक चक्र को बंद करने के लिए अपशिष्ट जल और खाद्य अपशिष्ट का उपचार और पुन: उपयोग करके गाँव के चयापचय को कृषि उत्पादन प्रणाली से जोड़ना शुरू करें।

- स्थायी कृषि का उपयोग अप्रत्यक्ष आर्थिक गतिविधियों को ट्रिगर करने के लिए करें, जैसे स्थानीय रूप से उत्पादित भोजन, हस्तशिल्प, फार्महाउस, लघु कृषि उद्योग, किराये की गतिविधियों, भवन रखरखाव की बिक्री, लेकिन टिकाऊ कृषि प्रथाओं, सटीक कृषि से संबंधित उच्च तकनीक स्टार्ट-अप भी, फसल और मिट्टी की निगरानी, ई-कॉमर्स आदि के लिए आईटी अनुप्रयोग।

- डिजिटल कनेक्टिविटी का विस्तार करें और फैब-लैब्स जैसे गाँव में नवाचार बुनियादी ढांचे का निर्माण करना चाहिए जहाँ नागरिक मिल सकते हैं और समुदाय में सुधार के लिए समाधान विकसित कर सकते हैं।

- 3Rs की संस्कृति को बढ़ावा दें, Reduce (कम) करें, Repair (मरम्मत) करें, Recycle (रीसायकल) करें।

- उन्नत, एकीकृत ग्राम सेवा प्रणालियों (जल, ऊर्जा, अपशिष्ट) के प्रबंधन और रखरखाव में अत्यधिक कुशल के साथ-साथ मध्यम और निम्न कुशल श्रमिकों के लिए पदों की शुरुआत करना।

- एक स्थानीय रचनात्मक वर्ग (कलाकारों के निवास, स्टार्ट-अप के लिए छोटे अनुदान, पुनर्जीवित करने के लिए रिक्त स्थान की पेशकश, पुराने स्थानीय लोगों और युवा शहरी नवप्रवर्तकों से मेल खाने वाली परियोजनाओं) को विकसित करने के लिए रचनात्मक युवा लोगों के लिए आकर्षक परियोजनाओं का परिचय।

- स्थानीय लोगों को रोजगार देने वाले विकेन्द्रीकृत कार्यालय
- ग्रामीण क्षेत्रों में विज्ञान और प्रौद्योगिकी सहायता प्रणाली में सुधार करना। ग्रामीण पुनरोद्धार के वैज्ञानिक अर्थ को उजागर करते हुए उद्योग, शिक्षा और अनुसंधान के सहयोग को बढ़ावा देना।
- कृषि उत्पादों के स्थानीय प्रसंस्करण को बढ़ावा देना।
- ईकोटूरिज़म, पारिस्थितिक प्रजनन और अन्य उद्योगों का विकास करें, और एक ग्रामीण पारिस्थितिक औद्योगिक श्रृंखला का निर्माण करें।
- सेवानिवृत्त लोगों के लिए एक वांछनीय आवास के रूप में गाँव को बढ़ावा देना। उन लोगों पर विशेष ध्यान दिया जाना चाहिए जो सामाजिक रूप से सक्रिय हैं और समुदाय के विकास के लिए अपने समय और कनेक्शन के साथ योगदान दे सकते हैं।
- गाँव को एक स्थायी और जीवंत जगह का ब्रांड दें जहाँ जीवन आरामदायक, सुखद और धीमा हो: बच्चों के बड़े होने, वयस्कों के काम करने और बुजुर्गों के लिए अपना समय बिताने के लिए आदर्श जगह।

## मिश्रित आय वाली आबादी की ओर एक कदम

वास्तव में आकर्षक होने के लिए, गाँव सुंदर होना चाहिए, जिसमें अच्छी तरह से बनाए गए भवन, हरे भरे स्थान और इसकी सांस्कृतिक विरासत से प्राप्त एक स्पष्ट पहचान हो, जो इसके लेआउट और इसकी इमारतों में दिखाई दे।

इस तरह के एक सुखद संदर्भ बनाने के लिए एक शर्त न केवल मिश्रित भूमि उपयोग बल्कि मिश्रित आय आबादी भी प्राप्त करना है। यह कई कारणों से वांछनीय है: • साक्ष्य बताते हैं कि चलने योग्य (यानी, सघन, मिश्रित उपयोग और अधिक जुड़ा हुआ) वातावरण और विभिन्न प्रकार के गंतव्यों और आवास प्रकारों और जनसंख्या उप-समूहों की उपस्थिति, निवासियों के मिलने, बातचीत करने और संलग्न होने के अवसरों के माध्यम से सामाजिक संबंधों या सामुदायिक कनेक्शन को प्रोत्साहित और सुविधा प्रदान करके समुदाय की भावना को बढ़ाती है।

- मिश्रित आय आवास सामाजिक समानता के लिए और विकेन्द्रीकृत ऊर्जा, जल अपशिष्ट जल और ठोस अपशिष्ट प्रणालियों के संचालन का समर्थन करने के लिए भी महत्वपूर्ण है। कई बिल्डिंग टाइपोलॉजी और आवास इकाई प्रकार का प्रावधान प्रभावी सामाजिक मिश्रण और विभिन्न स्थानों के निर्माण को सक्षम बनाता है जहाँ विभिन्न पर्यावरणीय गुण विभिन्न लोगों की जरूरतों को पूरा कर सकते हैं।

- एक सामाजिक-आर्थिक मिश्रण ऊर्जा मांग पैटर्न के मिश्रण की ओर ले जाता है: ऊर्जा की मांग की गुणवत्ता, मात्रा और समय वितरण में जितनी अधिक विविधता होती है, भौतिक ऊर्जा भंडारण की आवश्यकता उतनी ही कम होती है, "वर्चुअल" ऊर्जा भंडारण जितना बड़ा होता है जिसे नियंत्रित किया जा सकता है स्मार्ट ग्रिड और सिस्टम की कम लागत।

- विकेन्द्रीकृत दृष्टि से, निम्न/मध्यम कुशल जनशक्ति की उपलब्धता से ठोस कचरे की स्थानीय छंटाई और उपचार की संभावना होगी।

यह गरीब स्थानीय निवासियों के लिए रोजगार पैदा करेगा, और एक स्थायी और समावेशी तरीके से कचरे के मुद्दे से निपटेगा।

- उत्पादों की मरम्मत, जिसे एक चक्रीय अर्थव्यवस्था बढ़ावा देती है, के लिए विविध शिल्पकारों और पेशेवरों के कौशल की एक विस्तृत श्रृंखला की भी आवश्यकता होगी।

सामाजिक समावेश, उच्च रोजगार और आकर्षण के मुद्दे इस प्रकार एक शून्य कार्बन गाँव में एक परिपत्र अर्थव्यवस्था और स्थायी ऊर्जा प्रबंधन से जुड़े हुए हैं। इस तरह के सामाजिक मिश्रण को प्राप्त करने के लिए, वांछित सामाजिक मिश्रण के विभिन्न घटकों (यानी पहले से मौजूद आबादी, आने वाले सेवानिवृत्त धनी लोग, नए निम्न-आय वाले कर्मचारी, मध्य-उच्च) के लिए किफायती आवास की उपलब्धता आवश्यक है।

गाँव को आकर्षक बनाने और इस तरह के सामाजिक मिश्रण को उत्पन्न करने के लिए, जब भी संभव हो, निम्नलिखित शर्तों को पूरा किया जाना चाहिए:

- परिवेश सुखद हों जो निवासियों को जंगली और कृषि दोनों परिदृश्यों के संपर्क में रहने की अनुमति देते हों।
- लोगों को चलने योग्य दूरी पर सभी सेवाओं का होना विशेष रूप से बुजुर्ग लोगों के लिए महत्वपूर्ण है। गाँव में घूमना सर्दियों में सुखद होता है (आर्केड बारिश से सुरक्षा प्रदान करता है) और गर्मियों में (छायांकित पैदल मार्ग)।
- गर्मियों में साइकिल लेन पर पेड़ों की छाया होती है।

- शहरी क्षेत्रों और सेवाओं के साथ कनेक्शन कुशल और विश्वसनीय होना चाहिए।
- उच्च गुणवत्ता वाली डिजिटल अवसंरचना उपलब्ध होनी चाहिए।

## नेट ज़ीरो गाँव हेतु डिजाइन सुझाव

आवासीय तल क्षेत्र का 20 से 50% कम लागत वाले आवास के लिए होना चाहिए; और प्रत्येक कार्यकाल प्रकार कुल के 50 प्रतिशत से अधिक नहीं होना चाहिए।

सामुदायिक हब और गेस्ट हाउस सामाजिक नवाचार कार्यों के लिए उपलब्ध होने चाहिए। सामाजिक नवप्रवर्तन केन्द्रों की मेजबानी के लिए स्कूल और मौजूदा सामुदायिक घर सही स्थान हो सकते हैं। सतत विकास के लिए बुनियादी ढांचे के आर्थिक मूल्यांकन में, हमेशा संपूर्ण जीवन चक्र पर विचार करें।

स्थानीय सांस्कृतिक विरासत को एक पहचान चिह्न और आर्थिक गतिविधियों के जनरेटर के रूप में खोजें, पुनर्जीवित करें और बढ़ाएं सतत कृषि को विकास प्रक्रिया के मूल में रखें।

उन्नत कृषि पद्धतियों का प्रयोग करें ◊ जैव विविधता संरक्षण को एक आकर्षण और एक लैंडमार्क के रूप में उपयोग करें।

गाँव का अनुभव करने और सामुदायिक डिजाइन प्रक्रिया में योगदान करने के लिए रचनात्मक वर्ग (डिजिटल खानाबदोश, कलाकार, डिजाइनर) के प्रतिनिधि को आमंत्रित करें।

स्थानीय लोगों को रोजगार देते हुए गाँव में शाखाएँ स्थापित करने के लिए सेवा और प्रकाश निर्माण कंपनियों को आमंत्रित करें, स्थानीय

शहरी सेवा फर्मों, संभवतः गाँव के निवासियों की सहकारी समितियों को बढ़ावा देना, शहरी सेवाएँ प्रदान करना: ऊर्जा, पानी, अपशिष्ट जल उपचार, ठोस अपशिष्ट प्रबंधन और परिवहन। ये लचीलेपन की रणनीतियों से सबसे अच्छे तरीके से निपटेंगे और उपयुक्त स्थानीय समाधान खोजेंगे। परिपत्र अर्थव्यवस्था सिद्धांतों के अनुसार, ऊर्जा उत्पादन और पर्यावरण सेवाओं के प्रावधान के लिए विकेंद्रीकृत दृष्टिकोण स्थानीय नौकरी उत्पादन के संभावित स्रोत हैं।

हस्तकला व्यवसाय के लिए उचित मात्रा और जगह का आकार प्रदान करें; यह गाँव की अर्थव्यवस्था की रीढ़ बन सकता है।

साझा और परिपत्र अर्थव्यवस्था से संबंधित गतिविधियों के लिए उचित मात्रा और स्थान का आकार प्रदान करें। हाई टेक हैंडक्राफ्टिंग और माल की मरम्मत और पुन: उपयोग की संस्कृति का समर्थन करने के लिए ग्राम फैब-लैब्स की स्थापना की जानी चाहिए।

## सिद्धांत 10: पारिस्थितिक जागरूकता

शून्य कार्बन गाँव का निर्माण भविष्य के टिकाऊ, सामंजस्यपूर्ण, बस्तियों की दिशा में एक महत्वपूर्ण कदम है: यह एक ऐसे मॉडल को लागू करता है जो कार्बन के बाद के समाज के सभी मानव समुदायों को एकीकृत करेगा। यह एक समझौता है जिसका उद्देश्य, अन्य बातों के साथ-साथ, तकनीकी और तकनीकी नवाचार के संदर्भ में, "प्राचीन गठबंधन" को फिर से स्थापित करना, ग्रामीण गतिविधियों और ग्रामीण जीवन को नई गति प्रदान करना है। मनुष्य और प्रकृति के बीच। इस सिद्धांत के अनुसार, यह आगंतुकों को शिक्षित करने, सीखने और प्रतिकृति क्रियाओं का समर्थन करने के लिए एक जीवंत उदाहरण बनना चाहिए।

नए सिरे से सद्भाव के प्रदर्शन के रूप में, एक शून्य कार्बन गाँव आसपास के ग्रामीण क्षेत्र और जंगल के साथ अपने संबंधों को प्रदर्शित करेगा, परजीवीवाद के वर्तमान संबंध के बजाय एक प्रकार का सहजीवन दिखायेगा।

## शून्य कार्बन गाँव: विविधता के माध्यम बदलाव की परिकल्पना

लोग अपने स्वभाव से, अपनी आदतों, उपयोगों और विचारों को बदलने के लिए हमेशा अनिच्छुक होते हैं, और उन्हें बदलने के लिए प्रेरित करने का सबसे अच्छा तरीका स्पष्ट रूप से दिखाई देने वाले उदाहरणों के साथ यह दिखाना है कि नई आदतें, उपयोग और विचार पुराने वाली आदतों, उपयोगों और विचारों से बेहतर हैं। यह प्रदर्शन परियोजनाओं का मुख्य कार्य है। वे इस बात के जीवंत उदाहरण हैं कि कैसे एक नया उत्पाद या प्रणाली, हमारे मामले में एक समझौता, काम करता है, और यह कैसे पिछले वाले से बेहतर है। यह एक आसान काम नहीं है, क्योंकि एक शून्य कार्बन गाँव न केवल लागू प्रौद्योगिकियों के संदर्भ में नया है, बल्कि इसमें रहने वाले लोगों के लिए आवश्यक व्यवहारिक परिवर्तनों के कारण भी है। समग्र दृष्टिकोण से विभिन्न प्रवृत्तियों में भी देखा जा सकता है कि एक समुदाय के विकास को अतीत के संबंध में पालन करना पड़ता है।

विविधता को पोषित करने की आवश्यकता अधिक लचीलापन प्राप्त करने की आवश्यकता से उत्पन्न होती है, जो कि जलवायु परिवर्तन के प्रत्याशित प्रभावों, जैसे बाढ़, आंधी, सूखा, कीट आदि का सामना करने के लिए अनिवार्य है। उचित रूप से डिज़ाइन किया गया शून्य कार्बन गाँव विविधता की आवश्यकता को पूरा कर सकता है। और लचीलापन, दोनों

सामाजिक और तकनीकी/तकनीकी, मिश्रित उपयोग और मिश्रित आय के रूप में विविधता का मतलब है, जैसा कि माइक्रोग्रिड में कई नवीकरणीय ऊर्जा स्रोतों का उपयोग होता है।

रूपों, संरचनाओं और प्रथाओं जो अतीत से आती हैं, उन्हें निर्जीव अभिलेखों के रूप में संरक्षित किया जाना चाहिए क्योंकि अतीत के सांस्कृतिक जीवाश्म जो अब मौजूद नहीं हैं, वो कीमती हैं और जीवित संदेशों के रूप में उनसे हम सीख सकते हैं।

## व्यवहार परिवर्तन की दिशा में एक जीवित शिक्षा सुविधा

शून्य कार्बन गाँव, एक नई जीवन शैली के प्रदर्शन के रूप में, अपने सकारात्मक और आशापूर्ण संदेश को स्पष्ट करते हैं। इसमें रहने वाले लोगों के लिए शून्य कार्बन गाँव का आकर्षण स्वयं स्पष्ट है।

हालांकि, एक खतरा है, जिसे कम करके नहीं आंका जाना चाहिए: अल्पकालिक पर्यटकों (तथाकथित हिट एंड रन टूरिस्ट) की अधिकता, जिनकी कार्रवाई आमतौर पर विघटनकारी होती है, क्योंकि वे मुख्य रूप से अपशिष्ट निर्माता होते हैं और उनके साथ बहुत कम बातचीत होती है। गाँव और आर्थिक दृष्टि से भी बहुत कम छोड़ते हैं। यह एक ऐसी समस्या है जो तब उत्पन्न होती है जब एक पर्यटन स्थल बहुत लोकप्रिय हो जाता है, और यह पहले से ही एक समस्या है जिसे कई स्थानों पर प्रबंधित करना बहुत कठिन होता है, क्योंकि यह महत्वपूर्ण पर्यावरणीय क्षति पैदा करता है, जिसे पर्यटन विकास की अपरिहार्य कमी के रूप में स्वीकार किया जाता है।

पर्यटकों के व्यवहार में सुधार लाने के उद्देश्य से शैक्षिक गतिविधियों के माध्यम से इस समस्या से निपटने के लिए विशिष्ट कार्रवाई की जानी

चाहिए, जिससे यह व्यवहार करने का आग्रह किया जाना चाहिए जैसे कि वे ग्राम समुदाय के सदस्य हों।

"शोकेस मॉडल", जैसा कि सिद्धांत 10 में कहा गया है, को शासन मॉडल में एम्बेड किया जाना चाहिए, जैसा कि सिद्धांत 9 में वर्णित है। यह सुझाव दिया जाता है कि शैक्षिक कार्यों को नवाचार कार्यों के समान स्तर की जांच के अधीन किया जाना चाहिए।

## नेट ज़ीरो गाँव हेतु डिजाइन सुझाव

हमें गाँव (जल, ऊर्जा, अपशिष्ट, परिवहन) की सेवा करने वाली प्रणालियों को डिजाइन करने का प्रयास करना चाहिए (यह ध्यान में रखते हुए कि वे पूरी तरह से छिपी नहीं होनी चाहिए) और कुछ हिस्सों को दिखाई देना चाहिए, यह दिखाने के लिए कि वे कैसे काम करते हैं।

सिद्धांत 9 के अनुसार निर्मित स्थानीय समुदाय के साथ विज़िटिंग पथ और कथा सामग्री को सह-डिज़ाइन करें।

सामुदायिक अभिनेताओं को कथा प्रक्रिया में शामिल करें, हर किसी को शून्य कार्बन मॉडल में अपना योगदान दिखाते हुए कहानी कहने में शामिल होना चाहिए।

एक "पर्यावरण जागरूकता बढ़ाने के केंद्र" को डिजाइन करने पर विचार करें, जहाँ अनुभव और सुलभ प्रदर्शन द्वारा पर्यावरण की दृष्टि से स्वस्थ प्रथाओं पर प्रशिक्षण प्रदान किया जा सके। इस स्थान में निवासियों और आगंतुकों को न केवल गाँव और उसके आसपास के आकर्षण के बारे में सूचित किया जा सकता है, बल्कि इसकी स्थिर विशेषताओं के बारे में भी बताया जा सकता है।

www.ingramcontent.com/pod-product-compliance
Lightning Source LLC
LaVergne TN
LVHW061558070526
838199LV00077B/7097
*9789356217539*